ACCESO GRATIS *a la Lectura en la Nube*

Para visualizar el libro electrónico en la nube de lectura envíe junto a su nombre y apellidos una fotografía del código de barras situado en la contraportada del libro y otra del ticket de compra a la dirección:

ebooktirant@tirant.com

En un máximo de 72 horas laborables le enviaremos el código de acceso con sus instrucciones.

MUJERES MAYORES VÍCTIMAS DE VIOLENCIA DE GÉNERO Y TUTELA CIVIL DE SUS DERECHOS FUNDAMENTALES

MUJERES MAYORES VÍCTIMAS DE VIOLENCIA DE GÉNERO Y TUTELA CIVIL DE SUS DERECHOS FUNDAMENTALES

Autora:
VIRGINIA MÚRTULA LAFUENTE
Profesora Titular de Derecho Civil
Universidad de Alicante

tirant lo blanch
Valencia, 2024

En caso de erratas y actualizaciones, la Editorial Tirant lo Blanch publicará la pertinente corrección en la página web www.tirant.com.

Esta publicación es parte del Proyecto de I+D+i: PID2022-139899OB-I00 "Nuevos desafíos del Derecho Biomédico en la protección jurídico-civil de las personas mayores", financiado por el MCIN/AEI/10.13039/501100011033/ y "FEDER Una manera de hacer Europa".

EDITA: TIRANT LO BLANCH
C/ Artes Gráficas, 14 - 46010 - Valencia
TELFS.: 96/361 00 48 - 50
FAX: 96/369 41 51
Email: tlb@tirant.com
www.tirant.com
Librería virtual: www.tirant.es
DEPÓSITO LEGAL: V-700-2024
ISBN: 978-84-1056-198-4

Si tiene alguna queja o sugerencia, envíenos un mail a: *atencioncliente@tirant.com*. En caso de no ser atendida su sugerencia, por favor, lea en *www.tirant.net/index.php/empresa/politicas-de-empresa* nuestro procedimiento de quejas.

Responsabilidad Social Corporativa: http://www.tirant.net/Docs/RSCTirant.pdf

“Todos tenemos dos vidas.
La segunda empieza
cuando nos damos cuenta de que solo tenemos una”

(Confucio)

A mis compañeras y compañeros del Departamento de Derecho Civil
de la Universidad de Alicante.

Índice

PRÓLOGO

ESTHER ALGARRA PRATS
Catedrática de Derecho Civil
Universidad de Alicante
JAVIER BARCELÓ DOMÉNECH
Catedrático de Derecho Civil
Universidad de Alicante

Prologar la obra de una compañera es, sin duda, una de las mayores satisfacciones que se pueden tener en el ámbito universitario, por el honor que representa haber sido depositarios de su confianza para esta tarea. El prólogo supone un primer acercamiento al contenido de la obra, tratando de orientar en su lectura y aportaciones, y una breve presentación de su autora, cuya trayectoria hemos seguido de cerca.

Conocimos a la profesora Virginia MÚRTULA LAFUENTE cuando se incorporó al Departamento de Derecho Civil de la Universidad de Alicante, pocos años después que nosotros. Desde el inicio de su carrera académica y profesional, la profesora MÚRTULA destacó por la elección de temas de investigación de profundo calado y enorme interés en el panorama del Derecho civil, habiendo consolidado con el tiempo una destacada trayectoria investigadora. Su tesis doctoral, dedicada a la prestación de interés, es una obra de referencia para quien tenga que aproximarse al difícil y complicado terreno de la obligación pecuniaria, inaugurando una línea de investigación pionera, que ha seguido con paso firme al adentrarse en otros temas no menos complicados, como el de las cláusulas abusivas en préstamos y créditos.

Con el tiempo, la profesora MÚRTULA dedicó también especial atención a la responsabilidad civil, siendo su monografía sobre los daños causados por un miembro indeterminado de un grupo una de sus principales aportaciones en este campo, a la que se añaden valiosos estudios de tipologías particulares de daños, como señaladamente el caso de la responsabilidad de la Administración por contagio del virus del sida. En los últimos tiempos, su obra ha tratado temas de gran sensibilidad social y conectados con la esencia del Derecho civil que, conviene recordarlo, se encuentra en la protección de la persona: gestación por subrogación, interés del menor, salud mental, *mobbing* conyugal y violencia de género. Este breve panorama de sus temas de investigación nos sitúa ante obra singular dentro de la doctrina civil y que, sin duda, contribuye al progreso del conocimiento científico de nuestra disciplina.

La obra que tiene el lector entre sus manos, realizada en el marco del Proyecto "Nuevos desafíos del Derecho Biomédico en la protección jurídico-civil de las personas mayores", destaca por reunir en una misma investigación la protección jurídica de las personas mayores y la perspectiva de género. El reto que representa el envejecimiento, un fenómeno sin precedentes en la historia y que nos impacta de lleno en este siglo XXI, precisa de estudios rigurosos como el de la profesora MÚRTULA. Pero es necesario, además, aproximarse a esta sociedad que envejece a pasos agigantados sin prescindir de lo que se ha venido a llamar la "feminización" de la vejez, no solo porque la esperanza de vida es mayor en las mujeres, sino por el hecho de que las discriminaciones de que han sido objeto a lo largo de la vida siguen, lamentablemente, teniendo efectos cuando se entra en la vejez. Ser mujer y ser mayor tiene un doble impacto negativo como víctima de violencia de género.

Hemos de destacar el acierto de la temática elegida y el tratamiento de la misma. Es una obra clara, concisa y concreta, que conjuga el rigor científico con la exposición sencilla, haciendo que su lectura sea fácil y fluida. Nos adentra en una problemática jurídica de hondo calado social, a la que los juristas, y especialmente los civilistas, hemos de mirar de frente, para poner el foco en una violencia muchas veces invisibilizada, y para alzar la voz contra una violencia muchas veces silenciada. Al menos, tratando de ofrecer mecanismos para la protección integral de la persona mayor y de su dignidad y su salud, así como para la reparación del daño sufrido por violencia de género, cuestiones ambas que se abordan en la presente obra.

Tras poner en contexto la violencia de género a mujeres mayores, analizando las situaciones de mayor vulnerabilidad y la normativa existente, la obra se adentra en la reparación del daño tras la Ley Orgánica 10/2022, de 6 de septiembre, de Garantía Integral de la Libertad Sexual. Como se indica en el preámbulo de la citada norma, *"resulta también imprescindible dar respuesta a la indefensión específica sufrida por las mujeres mayores debido a la persistencia de esquemas patriarcales"*. Y de eso se trata, precisamente, en esta obra.

La profesora MÚRTULA aborda todas las cuestiones de interés relacionadas con la reparación del daño en estos casos, analizando especialmente la reforma del artículo 28 ter de la Ley Orgánica 1/2004, de 28 de diciembre, de Medidas de Protección Integral contra la Violencia de Género, que parte de la idea de una reparación integral a las víctimas, imponiendo no sólo la indemnización del daño, sino la adopción de medidas para la completa recuperación de la víctima y la garantía de que esas acciones no se vuelvan a repetir.

El lector encontrará un cumplido análisis de las nuevas partidas de los daños y perjuicios indemnizables recogidos en la actual redacción del artículo 28 ter de la Ley Orgánica 1/2004, de 28 de diciembre, de Medidas de Protección Integral contra la Violencia de Género, como son el daño moral y el daño a la dignidad, la pérdida de oportunidades, el daño social y el tratamiento terapéutico; cuestiones todas ellas que habrán de ir configurándose en la doctrina y en la jurisprudencia, y de las cuales la presente obra ya nos ofrece una primera y completa aproximación, que sin duda, será de consulta y referencia obligada en quienes se interesen por este tema. La autora, además, ofrece su fundada opinión en algunas cuestiones complejas, como la inadecuación de la mediación para estos casos, o la incompatibilidad de la pensión compensatoria con la reclamación de una partida independiente del daño por pérdida de oportunidades.

La obra se ocupa también del tratamiento de la protección de la salud de la mujer maltratada, analizando las diversas cuestiones que se plantean al respecto y las posibles soluciones que el ordenamiento jurídico ofrece. En este sentido, destaca especialmente el análisis de la aplicación del sistema de apoyos previstos en la Ley 8/2021 para el apoyo a personas con discapacidad, a la situación de dependencia hacia otras personas que limiten a la mujer mayor a denunciar su situación de maltrato. Igualmente, es destacable el análisis de las posibles medidas que ofrece nuestro ordenamiento jurídico, especialmente, el Código civil, para los casos en los que la mujer es cuidadora de su maltratador o los casos en los que es ella la que necesita de cuidados, siendo estos a cargo de su maltratador. Y no lo es menos la exploración de las posibilidades que la obligación de alimentos entre parientes, en este caso, como obligación de los hijos, podría ofrecer para paliar las necesidades de la mujer maltratada y su independencia del hogar familiar y del maltratador.

En definitiva, nos encontramos ante una obra que demuestra la sensibilidad de su autora hacia temas relacionados con las personas, con las mujeres, con las mayores; y que evidencia su conocimiento del Derecho Civil y el papel que representa en la protección jurídica de las mujeres mayores víctimas de violencia de género. Una obra oportuna en el tiempo, por la cercanía de la reforma, y oportuna en el tratamiento, por las cuestiones abordadas y el enfoque de las mismas.

I. INTRODUCCIÓN

Resulta ampliamente compartida la idea de que la visibilización de la violencia machista en nuestro país se produjo a partir del asesinato de Ana Orantes, el 17 de diciembre de 1997, quemada viva por su marido unos días después de haber intervenido en un programa de televisión, denunciado las agresiones y amenazas que venía sufriendo por parte de éste desde el comienzo de su matrimonio. Ana, en ese momento tenía 60 años de edad y 40 de ellos habían estado marcados por los malos tratos que sufrió durante su matrimonio. Cuando se casó, con 19 años de edad, no existía una legislación específica contra la violencia de género, ni se sabía lo que era. Las mujeres de entonces tenían muy interiorizados sus roles en el hogar, como "cuidadoras" de su marido y de sus hijos y las situaciones de violencia en el hogar se consideraban de ámbito privado. Por lo que los episodios de violencia no se contaban cuando se sufrían, ni se denunciaban cuando se conocían por vecinos, amigos o familiares.

A partir de la fecha del asesinato de Ana Orantes, la conciencia social empezó a cambiar y se iniciaron los trámites para elaborar una ley nacional que intentara poner fin a la problemática de la violencia que los hombres pueden ejercer sobre las mujeres. Fruto de este trabajo salió aprobada por unanimidad en el Parlamento la LO 1/2004, de 28 de diciembre, de Medidas de Protección Integral contra la Violencia de Género (en adelante LOVG), que supuso un gran paso para garantizar una respuesta integral y coordinada frente a la violencia contra las mujeres cometida en el ámbito de las relaciones afectivas.

Este tipo de violencia, como expresa la propia Exposición de Motivos de la Ley "se manifiesta como el símbolo más brutal de la desigualdad existente en nuestra sociedad. Se trata de una violencia que se dirige sobre las mujeres por el hecho mismo de serlo, por ser consideradas, por sus agresores, carentes de los derechos mínimos de libertad, respeto y capacidad de decisión".

Sin embargo, cuando se trata el tema de la violencia de género en las campañas publicitarias de sensibilización frente a esta lacra social, se asocia a la víctima con una mujer joven o de mediana edad y con hijos, quedando excluidas las mujeres mayores[1]. Pero ellas también son víctimas de la violencia machista, como lo fue en su día Ana Orantes. Así, según los datos publicados por la Delegación del Gobierno contra la violencia de género[2], desde el 2003, cuando se empezaron a contabilizar oficialmente el número de víctimas mortales por violencia de género en España, hasta la fecha (octubre de 2023), de las 1234 mujeres que han muerto a manos de sus parejas o exparejas, 159 de ellas, aproximadamente un 13%, tenían entre 61/65 años o más[3].

En 2017, la Cruz Roja presentó también un estudio sobre la situación de las mujeres atendidas por el Servicio telefónico de Atención y Protección a Víctimas de la Violencia de Género (Servicio ATENPRO), que permitía evidenciar que uno de los sectores con mayor vulnerabilidad entre las víctimas de violen-

---

1 Mora Sánchez, I. (2021). *Mujeres mayores: el impacto del machismo y el edadismo en su vida y sus derechos humanos,* Fundación HelpAge International España, pp. 5 y 15. https://www.helpage.es/wp-content/uploads/2022/01/HelpAge_Cuaderno-6_Mujeres-mayores.pdf. Recuperado el 14 de noviembre de 2023.

2 https://violenciagenero.igualdad.gob.es/violenciaEnCifras/victimasMortales/fichaMujeres/home.htm. Recuperado el 14 de noviembre de 2023.

3 Precisamente este margen de edad, será el que tomemos como referencia para considerar a una persona como mayor, ya que habitualmente la edad en la que los científicos sociales colocan esta barrera coincide con la edad de jubilación.

cia de género era el de las mujeres de mayor edad, esto es, mujeres mayores de 65 años[4].

Otros datos de interés los ofrece la última *Macroencuesta de Violencia contra la Mujer 2019* de la que tenemos conocimiento en el momento de escribir estas líneas, publicada en 2020[5], que muestra que el porcentaje de mujeres que ha sufrido violencia de género por parte de su pareja actual es sensiblemente superior en el caso de mujeres mayores de 65 años, que en el resto de mujeres. Pero también se constata en ella, en términos cuantitativos, el bajo índice de acceso que han tenido a los diferentes apoyos institucionales, su baja demanda de atención de servicios hospitalarios, denuncias ante la policía y demandas judiciales. De lo que se deduce que estamos ante una violencia más invisibilizada y oculta que las demás.

En los últimos años, han proliferado los estudios de género aplicados a todos los ámbitos, y la discriminación y la violencia contra las mujeres se han convertido en asuntos esenciales en la agenda política y social. Sin embargo, no hay ningún estudio que aborde la cuestión de la violencia de género que pueden sufrir las mujeres mayores desde el ámbito del Derecho civil.

---

4 Cuyos resultados se han publicado por la Delegación del Gobierno para la Violencia de Género. (2017). *Estudio sobre las mujeres mayores de 65 años víctimas de violencia de género,* realizado por Cruz Roja Española (J. Aycart, S. Gende, G. Malgesini, S. Monteros, Silvia y M. Nebreda), con apoyo de la Universidad Carlos III de Madrid (P. Gil, A. Gránea, y P. Romera). Ministerio de Presencia, relaciones con las Cortes e Igualdad. Madrid. https://violenciagenero.igualdad.gob.es/violenciaEnCifras/estudios/investigaciones/2019/estudio/Estudio_VG_Mayores_65.htm. Recuperado el 14 de noviembre de 2023

5 Delegación del Gobierno contra la Violencia de Género (Ministerio de Igualdad). (2020). *Macroencuesta de Violencia contra la Mujer 2019.* https://violenciagenero.igualdad.gob.es/violenciaEnCifras/macroencuesta2015/pdf/Macroencuesta_2019_estudio_investigacion.pdf. Recuperado el 14 de noviembre de 2023.

En particular, en el presente trabajo nos interesa lo que tiene que ver con las consecuencias a la lesión a sus derechos fundamentales, como su integridad física y psíquica (art. 15 CE), su dignidad y su integridad moral (art. 10 CE), así como la protección de su salud y autonomía personal (art. 43 CE), lo que entra de lleno en el ámbito de la reparación por los daños causados por el maltratador, que han sido concretados recientemente por las modificaciones introducidas en la LOVG por parte de la LO 10/2022, de 6 de septiembre, de garantía integral de la libertad sexual (en adelante, LO 10/2022); así como en el cuidado de la mujer de mayor edad víctima de la violencia de género y los mecanismos de apoyo con los que puede contar legalmente.

II. EDADISMO Y VIOLENCIA DE GÉNERO

La violencia sufrida por la mujer, mayor o no, se puede deber a múltiples causas y puede adquirir diferentes manifestaciones. Es comúnmente aceptado que los comportamientos que estarían incluidos en este tipo de violencia serían las *agresiones físicas* que pueden ser percibidas objetivamente (como los golpes, patadas, etc.); las relaciones sexuales forzadas o no consentidas (*violencia sexual*); los malos tratos psíquicos, comportamientos controladores y vejatorios (como los insultos, menosprecios, aislar a una persona de su familia y amigos o restringir su acceso a la información y a la asistencia, entre otros), conocida como *violencia psíquica o psicológica;* y, por último la *violencia económica*, que consiste en un control no justificado legalmente de recursos económicos que corresponden a la pareja (como impedirle que trabaje fuera de casa, no pagar la pensión alimenticia o compensatoria correspondiente, controlar sus bienes privativos, o limitar el dinero para el mantenimiento de la familia)[6].

La violencia de género en sus distintas manifestaciones hunde sus raíces en comportamientos ancestrales basados en un sistema patriarcal, que sitúa al hombre y la mujer en papeles diferentes dentro de la sociedad en primer término y luego en la familia, con un reparto de tareas también diferentes, y debe ser entendida como la más grave vulneración a los principios de igualdad (art. 14 CE) y dignidad de la persona (art. 10 CE).

---

6 Otros tipos de violencia serían la violencia vicaria contra menores a su cargo, sobre la que no entraremos en este trabajo, por razón del objeto de estudio.

Entre las mujeres que vivencian este tipo de comportamientos, son cada vez más aquellas que tienen una edad avanzada como consecuencia del progresivo envejecimiento de la población[7]. Mujeres que se han socializado con las actitudes más tradicionales de los roles de género en su matrimonio y en su familia, que dependen económicamente de sus maridos o parejas, y que, además, pueden tener problemas de salud y han visto reducidos sus apoyos sociales con la edad (por la muerte de amistades o familiares, o el propio aislamiento que han sufrido por la violencia ejercida por sus maltratadores). Todo ello genera una serie de barreras que dificultan la búsqueda de ayuda y un sentimiento de resignación ante su situación.

El edadismo (*ageism*) es un concepto que fue acuñado en 1969 por Robert Butler para hacer referencia a la discriminación o prejuicio basado en la edad[8]. La Organización Mundial de la Salud, en el primer *Informe mundial sobre el edadismo*, le da una mayor amplitud en su significado, definiéndolo como los estereotipos (cómo pensamos), los prejuicios (cómo sentimos) y la discriminación (cómo actuamos) hacia las personas en función de su edad. Es análogo al racismo y al sexismo, pero se centra en

---

[7] De acuerdo con los datos publicados por el INE, a fecha 1 de enero de 2022 había ya cerca de 9,5 millones de personas mayores de 65 años en España, lo que supone el 20% de la población total. En 2030 serán ya 11,5 millones, lo que representará el 24% y en 2040 se superarán los 14 millones, esto es, cerca del 30% del total.

[8] Butler definió el edadismo como "un proceso por medio del cual se estereotipa de forma sistemática a, y en contra de, las personas mayores por el hecho de ser viejas, de la misma forma que actúan el racismo y el sexismo, en cuyos casos es debido al color de la piel o al género" (Butler, R. y Lewis, M.I., *Aging and Mental Health*, 1.º ed., St. Louis, 1973, p. 141, citado por Gracia Ibáñez, J. (2012). "La violencia de género contra las mujeres mayores. Un acercamiento socio-jurídico". *Revista Derechos y Libertades*, (27), p. 311. https://e-archivo.uc3m.es/bitstream/handle/10016/19588/DyL-2012-27gracia.pdf?sequence=1. Recuperado el 14 de noviembre de 2023.

la edad como la característica discriminatoria de unas personas respecto de otras[9]. Aunque el edadismo, de acuerdo con dicho Informe, puede ser tanto positivo como negativo, las percepciones negativas sobre las personas mayores son más comunes en las sociedades de todo el mundo que las positivas.

Siguiendo con este Informe, hay tres niveles en los que se manifiesta el edadismo. Un primer nivel institucional (a través de leyes, normas sociales y políticas, prácticas de las instituciones) que restringen de manera injusta las oportunidades y perjudican sistemáticamente a las personas en razón de su edad. Este tipo de edadismo se manifiesta en el ámbito de la atención a la salud y a la asistencia social (lo que puede revelarse en una falta de acceso a una atención médica adecuada, como se puso de manifiesto en la pandemia de la COVID-19); en el ámbito laboral (con la exclusión de oportunidades laborales); en los medios de comunicación (donde las personas mayores están infrarrepresentadas, como hemos dicho al inicio de este trabajo cuando hablamos de las campañas contra la violencia de género); pero también en el sistema legal (donde tanto las normas como los aplicadores del Derecho pueden realizar discriminaciones por razón de la edad de las personas). El segundo nivel donde se manifiesta el edadismo, el interpersonal, aborda la prevalencia de actitudes edadistas en los diversos países y culturas (donde España ha sido clasificada como un país de prevalencia baja en actitudes edadistas). El tercer y último nivel de edadismo, el autoinfligido, es el que una persona se aplica así misma (por ejemplo, sería pensar que se es demasiado mayor para salir del círculo de la violencia de género, por

---

9 Organización Mundial de la Salud. (2021). *Informe mundial sobre el edadismo.* pp. XVII y 5-6. https://iris.paho.org/handle/10665.2/55871. Recuperado el 14 de noviembre de 2023.

lo que las mujeres de mayor edad recurren en menor medida a los servicios sociales de ayuda)[10].

Como se puede observar, el edadismo y la violencia de género son dos fenómenos sociales distintos pero relacionados en ciertos aspectos, ya que ambos están arraigados en prejuicios basados en la edad (el primero) y en el género (el segundo), que pueden tener un doble impacto negativo en las mujeres mayores, al quedar invisibilizadas como colectivo doblemente: por ser mujer y por ser mayor.

Esta invisibilidad hace que existan grandes carencias en la atención dirigida a mujeres mayores que viven situaciones de violencia de género y que, a su vez, las mujeres de mayor edad tengan menos concienciación sobre una situación que han normalizado durante muchos años. Los prejuicios sobre la edad y el papel que tradicionalmente han tenido en el hogar, con dedicación abnegada al cuidado de la familia y dependencia económica del marido, podrían contribuir a invisibilizar la violencia de género contra este colectivo en mayor medida que en el resto de mujeres y no ofrecerles las oportunidades que merecen para salir del círculo de maltrato que sufren. Por ejemplo, muchos problemas de salud o situaciones que en otros grupos de edad sería normal tratar como supuestos de violencia de género y activar los protocolos correspondientes, en las personas mayores se pueden achacar a la edad y al proceso de envejecimiento (cansancio, depresión, caídas…)[11].

Los estudios que se han realizado sobre el maltratado de pareja en las mujeres mayores, coinciden al afirmar que tienen unas características diferentes a los producidos en otras etapas vitales. Entre ellas, la larga relación de maltrato (se trata de una violencia que se ha vivido durante años, incluso décadas, don-

---

10 Organización Mundial de la Salud (2021). *Ibid.*, pp. 24 y ss.

11 Mora Sánchez, I. (2021). *Mujeres mayores…*. cit. p. 16.

de las víctimas tiene miedo a denunciar y tener que rehacer sus vidas); son relaciones muy marcadas por roles de género (pues empezaron su relación de pareja en un periodo en que las leyes eran abiertamente discriminatorias hacia las mujeres); existe una mayor dependencia hacia el agresor a nivel económico y emocional; una mayor presión familiar y social para que la mujer actúe como cuidadora; hay un sentimiento de autoculpa y resignación después de tantos años de violencia familiar, normalizando la violencia de baja intensidad; así como la desconfianza que les suscita el sistema judicial como mecanismo para solventar su situación[12].

A la vista de todo lo expuesto, es posible concluir que el abordaje de la violencia de género en mujeres mayores requiere un enfoque específico e interseccional que todavía no ha tenido, tanto en lo que respecta a su proceso de concienciación como víctimas, como a la información sobre sus derechos, los recursos de protección y los apoyos disponibles[13].

---

12 *Vid.* aquí, Celdrán, M. (2013). "La violencia hacia la mujer mayor: revisión bibliográfica". *Papeles del Psicólogo,* 2013, (34/1), pp. 57-64; Gracia Ibáñez, J. (2015). "Una mirada Interseccional sobre la Violencia de Género contra las Mujeres Mayores". *Oñati Socio-legal Series* [online], 5 (2), pp. 547-569; Mora Sánchez, I., (2021). *Mujeres mayores…, cit.,* pp. 19-20; Damonti, P./ Iturbide Rodrigo, R. / Amigot Leache, P. (2020). *Violencia contra las mujeres mayores. Interacción del sexismo y edadismo.* Instituto Navarro para la Igualdad, p. 22 y ss. https://www.navarra.es/documents/48192/5564564/04112020_Violencia+contra+las+mujeres+mayores.+Interacci%C3%B3n+del+sexismo+y+edadismo.pdf. Recuperado el 14 de noviembre de 2023; Rebolledo Deschamps, M.L. (coord.) / Martínez Rebolledo, A. / Peña Anguita, B. (2021). *Guía orientativa para la atención y detección de la violencia de género en mujeres mayores.* Diputación de Jaén, p. 48. https://www.dipujaen.es/export/files/dipujaen/igualdad-y-bienestar-social/Guia%20Violencia%20Mayores.pdf. Recuperado el 14 de noviembre de 2023.

13 Como indica la Delegación del Gobierno para la Violencia de Género. (2017). *Estudio sobre las mujeres mayores…,* cit., p. 16.

Este trabajo supone una mirada feminista intentando aportar soluciones a alguno de los problemas señalados desde el ámbito del Derecho civil, para que puedan ser tenidas en consideración no solo por la academia, sino también por los prácticos del Derecho.

III. EL ESTATUS JURÍDICO DE LA MUJER MALTRATADA

Como consecuencia de la especificidad de todas las normas, tanto nacionales, como internacionales y autonómicas que se han ido promulgando y a las que haremos mención seguidamente, la mujer víctima de actos de violencia por parte de su pareja o expareja goza de lo que podríamos llamar un *estatus jurídico de la mujer maltratada* o "situación o condición personal emergente" —en palabras de Gete-Alonso y Calera— en la que el punto de referencia es la dignidad de la persona (art. 10 CE), que es lo justifica a su vez su tratamiento especial[14].

1. Normas internacionales

En 1979 la Asamblea General de Naciones Unidas aprobó la Convención sobre eliminación de todas las formas de discriminación contra la mujer, que entró en vigor como tratado internacional el 3 de septiembre de 1981. El espíritu de la Convención tiene su génesis en los objetivos de Naciones Unidas de reafirmar los derechos humanos fundamentales, la dignidad, el valor de la persona y la igualdad de derechos de hombres y mujeres[15]. Estos esfuerzos en pro de la protección

---

14 Gete-Alonso y Calera, M.C. (2006). "Status personal de violencia de género en la ley orgánica 1/2004 (una aproximación desde la perspectiva civil)". *Libro-Homenaje al Profesor Manuel Amorós Guardiola*, vol. I. Colegio de Registradores. Madrid, p. 1585.

15 Así, en su art. 5 indica que los Estados parte "tomarán todas las medidas apropiadas para: a) Modificar los patrones socioculturales de conducta

de la mujer han desembocado en varias declaraciones y convenciones. Como la Resolución de la Asamblea General de las Naciones Unidas 48/104, de 20 de diciembre de 1993, sobre la eliminación de todas las formas de violencia contra la mujer, que define por primera vez la *violencia contra la mujer* como: "todo acto de violencia basado en la pertenencia al sexo femenino, que tenga o pueda tener como resultado un daño o sufrimiento físico, sexual o psicológico para la mujer, incluidas las amenazas a tales actos, la coacción o la privación arbitraria de la libertad, tanto si se producen en la vida pública como en la vida privada" (art. 1).

Esta definición conceptualiza la violencia contra la mujer y la identifica como un atentado contra derechos fundamentales como la integridad física y moral, la dignidad y la libertad de las mujeres, independientemente del ámbito en el que se produzca. Concepto que es reiterado en posteriores Congresos organizados por la ONU, como el celebrado en Pekín en 1995, donde se utiliza ya la expresión "*gender violence*", que ha sido traducida al castellano como "violencia de género", y que se emplea para aludir a los hechos de violencia física o psíquica ejercidos contra las mujeres debido a su tradicional situación de sometimiento al varón en las estructuras sociales.

Por su parte, la Recomendación General 35 (2017) del CEDAW sobre la violencia por razón de género contra la mujer, desarrolla el alcance de las obligaciones de los Estados frente a todas las formas de violencia contra las mujeres y las niñas, y afirma que deben abarcar la obligación de prevenir, investigar, enjuiciar y sancionar a los responsables y garantizar la reparación a las víctimas.

---

de hombres y mujeres, con miras a alcanzar la eliminación de los prejuicios y las prácticas consuetudinarias y de cualquier otra índole que estén basados en la idea de inferioridad o superioridad de cualquiera de los sexos o en funciones estereotipadas de hombres y mujeres".

En 2020, un importante informe de situación elaborado por ONU Mujeres reveló que más del 80% de los países de un total de 166 notificaron que habían adoptado medidas dirigidas a aplicar y hacer cumplir las leyes de lucha contra la violencia de género[16]. España es uno de los países que cuenta con una importante legislación en materia de violencia de género y que ha incorporado buena parte de los convenios internacionales y recomendaciones referenciadas, como veremos a continuación.

2. Normativa europea

En el ámbito europeo nos encontramos que todavía no existe ningún instrumento legal que aborde la violencia contra la mujer de manera integral. No obstante, contamos con la Resolución del Parlamento Europeo sobre "Tolerancia Cero ante la violencia contra las mujeres", de 16 de septiembre de 1997, los programas de Acción Comunitaria Daphne I y II (Decisión n.º 803/2002/CE y n.º 779/2007/CE del Parlamento europeo de 21 de abril de 2004 y 20 de junio de 2007 respectivamente) —dentro de este último se prevé, entre otras cosas, el estudio y acción para la prevención de la violencia contra las mujeres mayores—; la Resolución del Parlamento europeo de 26 de noviembre sobre eliminación de la violencia contra la mujer y el Pacto por la Igualdad de Género 2011-2020 adoptado por el Consejo Europeo, donde se contienen previsiones específicas para la prevención de las distintas formas de violencia sobre la mujer[17].

---

16 ONU Mujeres (2020). *Igualdad de género: A 25 años de Beijing, los derechos de las mujeres bajo lupa.* https://www.unwomen.org/es/digital-library/publications/2020/03/womens-rights-in-review. Recuperado el 14 de noviembre de 2023.

17 Sobre la referencia a todas las normas emanadas por las instituciones europeas *vid.*: https://violenciagenero.igualdad.gob.es/mar-

La ratificación por España en 2014 del Convenio del Consejo de Europa sobre prevención y lucha contra la violencia contra las mujeres y la violencia doméstica, abierto a la firma en Estambul el 11 de mayo de 2011, supuso un hito importante en la protección de la mujer. En él se define la "violencia contra las mujeres" como una violación de los derechos humanos y una forma de discriminación contra las mujeres, que incluye "todos los actos de violencia basados en el género que implican o pueden implicar para las mujeres daños o sufrimientos de naturaleza física, sexual, psicológica o económica" [art. 3.a)], identificando a la "violencia contra las mujeres por razones de género", como "toda violencia contra la mujer porque es una mujer o que afecte a mujeres de manera desproporcionada" [art. 3.d)]; y en su artículo 5.2, exige a las partes del Convenio que tomen las medidas legislativas y demás necesarias para actuar con la diligencia debida para "prevenir, investigar, castigar y conceder una indemnización" por los actos de violencia incluidos en el ámbito de aplicación del mismo y que no supediten la protección de las víctimas de violencia de género al ejercicio por parte de aquéllas de acciones legales ni a la declaración contra el autor (art. 18.4)[18].

---

coInternacional/ambitoInternacional/unionEuropea/contexto/home.htm. Recupeado el 14 de noviembre de 2023.

18 Entre las modificaciones que se han producido como consecuencia de la ratificación de este Convenio se encuentran también: la introducción de la agravante por "razón de género" en el art. 22.4 CP (como consecuencia de la Ley 1/2015, de 30 de marzo, de modificación del Código Penal, al que ya hemos hecho referencia); la modificación del art. 1 de la LOVG, para incluir a los menores como posibles víctimas de la violencia de género en orden a garantizarles la adopción de medidas civiles y penales como un sujeto más del procedimiento; y del art. 61 de la misma LOVG para logar una mayor claridad y hace hincapié en la obligación de los jueces de pronunciarse en todo caso, incluso de oficio, sobre las medidas cautelares y de aseguramiento para proteger a las víctimas (inclui-

Habría que traer a colación también el Reglamento UE 606/2013 del Parlamento Europeo y del Consejo de 12 de junio de 2013, sobre reconocimiento mutuo de medidas de protección en materia civil, que viene a completar la euroorden en el ámbito penal y la Directiva 2012/29/UE del Parlamento Europeo y del Consejo, de 25 de octubre de 2012, que establece normas mínimas sobre los derechos, apoyo y protección de las víctimas de delitos y contempla la necesaria indemnización de todos los daños derivados de la comisión de un delito (implementada en nuestro ordenamiento jurídico a través de la Ley 4/2015, de 27 de abril, del Estatuto de las víctimas del delito).

Por último, cabe referenciar que recientemente los eurodiputados reclamaron a la Comisión en septiembre de 2021 que definiera la violencia de género como un nuevo ámbito delictivo en la legislación de la UE (en virtud del art. 83.1 del Tratado de la Unión), junto a otros delitos que hay que combatir con criterios comunes, como el tráfico de personas, drogas y armas, la ciberdelincuencia y el terrorismo[19].

3. La LO 1/2004, de 28 de diciembre, de Medidas de Protección Integral contra la Violencia de Género y otras leyes posteriores

Uno de los aspectos destacables de la LOVG es que emplea por primera vez en una ley española este término, "violencia de

---

dos menores) de su agresor (estas dos últimas modificaciones de la mano de la LO 8/2015, de 22 de julio, de modificación del sistema de protección a la infancia y a la adolescencia).

19 Noticia disponible en: https://www.europarl.europa.eu/news/es/press-room/20210910IPR11927/la-violencia-de-genero-debe-ser-considerada-un-delito-en-la-ue-segun-el-pe. Recuperada el 14 de noviembre de 2023.

género"[20], y da un tratamiento diferenciado a la violencia sobre la mujer por parte de su pareja o expareja respecto de la que puede sufrir cualquier otro miembro de la familia. De esta forma define la "*violencia de género*", siguiendo a la Resolución de la Asamblea General de la ONU 48/104 del 20 de diciembre de 1993, como "*todo acto de violencia física y psicológica, incluidas las agresiones a la libertad sexual, las amenazas, las coacciones o la privación arbitraria de libertad*" ejercida sobre las mujeres por parte de quienes sean o hayan sido sus cónyuges o de quienes estén o hayan estado ligados a ellas por relaciones similares de afectividad, aun sin que hubiera convivencia (art. 1 apdos. 3 y 1).

De acuerdo con el tenor literal del artículo 1 de la Ley Orgánica 1/2004, la violencia de género no tiene más víctimas que las mujeres (si bien luego se amplió a sus hijos menores)[21]. Esto obliga a distinguir la violencia que se produce dentro de la familia, *violencia doméstica*, de la violencia de género. La violencia en el hogar que pueden sufrir los niños o las personas especialmente vulnerables que convivan con el maltratador constituyen un problema de violencia doméstica, no de violencia de género, porque la causa que la origina no es la misma y ésta no es otra que las situaciones de desigualdad y el papel de

---

[20] La RAE propuso al Gobierno durante el proceso de elaboración de la LO 1/2004, de 28 de diciembre, de Medidas de Protección Integral contra la Violencia de Género, que no se empleara este término sino la expresión más común de "violencia doméstica o por razón de sexo", petición que finalmente no fue atendida.

[21] Así, la disposición final tercera de la LO 8/2015, de 22 de julio, de modificación del sistema de protección a la infancia y a la adolescencia, modifica el art. 1 apdo. 2.º de la LOVG, en el sentido de considerar "a las mujeres, a sus hijos menores y a los menores sujetos a su tutela, o guarda y custodia, víctimas de esta violencia", para garantizarles la adopción de medidas civiles y penales como un sujeto más del procedimiento. Con este reconocimiento se supera el concepto de víctima indirecta que establecía la LOVG, para los menores que no sufrían agresiones directamente.

subordinación que tradicionalmente ha tenido la mujer respecto del hombre[22].

La LOVG es una ley *integral* que articula todo un sistema normativo comprensivo de una serie de medidas de sensibilización, prevención, detección e intervención contra la violencia machista. Entre esas medidas se encuentra la asistencia jurídica gratuita a la víctima (arts. 17 y 20 LOVG), la atención sanitaria (art. 19 bis), derechos laborales y de Seguridad Social (arts. 21-26), ayudas sociales y administrativas (arts. 27-28) y el derecho de acceso prioritario a viviendas protegidas y a residencias públicas para mayores (art. 28).

En su título IV la Ley introduce normas de naturaleza penal, a través de la agravación de distintos tipos penales, como el delito de lesiones (art. 148.4 CP), los malos tratos ocasionales (art. 153.1 CP), el delito de amenazas (art. 171.4 CP) o el de coacciones (art. 172. 2 CP), que vieron incrementada la sanción penal cuando la lesión se produce contra la esposa del autor o mujer que esté o haya estado ligada a él por una análoga relación de afectividad, aún sin convivencia, constituyendo esta relación los llamados *delitos de violencia de género*. Como razona la STC (Pleno) n.º 59/2088 de 14 de mayo de 2008, primera de las sentencias vertidas sobre la constitucionalidad de las reformas emprendidas por la LOVG, la desigualdad de trato entre géneros (no entre sexos) que realiza la Ley, se justifica en la medida en que las conductas que los hombres ejercen sobre las mujeres están insertadas en parámetros de desigualdad muy arraigados, donde a la

---

22 Conviene precisar que no todo acto de violencia que pueda ejercer un hombre sobre una mujer ha de considerarse violencia de género, sino que éste debe ser una "manifestación de la discriminación, de la situación de desigualdad y de las relaciones de poder del hombre sobre la mujer" (como se considera por el TS a partir de la STS, Sala 2.ª, n.º 629/2009 de 24 de noviembre de 2009 y ha venido a consagrar la STC, de Pleno, n.º 41/2010 de 22 de julio de 2010).

mujer se le ha venido considerado como un ser inferior y con menores competencias, capacidades y derechos (F.9 *in fine*)[23].

Con anterioridad a la LOVG, han existido otras normas penales dirigidas a aumentar la protección de las víctimas de malos tratos a través de medidas cautelares y de seguridad. Como la Ley 27/2003, de 31 de julio, reguladora de la Orden de Protección de las Víctimas de Violencia Doméstica y la LO 11/2003, de 29 de septiembre, de medidas concretas en materia de seguridad ciudadana, violencia doméstica e integración social de los extranjeros, que introduce un desdoblamiento de las violencias familiares o que recaen sobre personas vulnerables, orientándolas hacia los *delitos de lesiones,* con los malos tratos ocasionales del art. 153 CP o los *delitos contra la integridad moral* y con los malos tratos habituales del art. 173.2 y 3 CP. De manera que las lesiones que anteriormente a la reforma eran constitutivas de faltas pasaron a tener la consideración de delito cuando se comenten en el ámbito doméstico.

---

[23] La elevación a categoría de delito de comportamientos leves y ocasiones en el ámbito doméstico, el establecimiento de tipos penales especiales en los que el sujeto activo y pasivo tiene que ser de un determinado sexo, han sido aspectos muy discutidos por la doctrina penalista y llevaron en su momento a un sector muy importante de la misma a manifestar sus dudas sobre la efectividad de unas reformas que no han conseguido disminuir de una forma sustancial el número de mujeres que sufren violencia a manos de sus parejas o exparejas. *Vid.* en particular Laurenzo Copello, P. (2005). "La violencia de género en la ley integral. Valoración político-criminal". *Revista Electrónica de Ciencia Penal y Criminología,* (07), pp. 1-23; Maqueda Abreu, M.L., (2006). "La violencia de género: Entre el concepto jurídico y la realidad social". *Revista Electrónica de Ciencia Penal y Criminología,* (08), pp. 1-13; Id., (2007). "¿Es la estrategia penal una solución a la violencia contra las mujeres? Algunas respuestas desde un discurso feminista crítico", *InDret,* (4), pp. 25 y ss.; Larrauri, E. (2008). *Mujeres y sistema penal. Violencia doméstica.* Bdef, Montevideo-Buenos Aires, pp. 95 y ss.

Después de la LOVG, hay que hacer mención, por un lado, a la Ley Orgánica 1/2015, de 30 de marzo, por la que se modifica la LO 10/1995, de 23 de noviembre, del CP, que mantiene en lo esencial el tratamiento de los delitos relacionados con la violencia de género (arts. 153.1, 171.4 y 173.2 CP), a pesar de la desaparición de las faltas y la adecuación de los tipos penales a los que me acabo de referir como delitos menos graves, sancionados con pena de prisión, si los comete un varón y como delitos leves, castigados con multa, cuando su autora es una mujer, "con el fin de mantener un nivel de protección más elevado" a la víctima de violencia de género, como justifica la Exposición de Motivos de la Ley. Otra de las novedades que ofrece el texto legal modificado por la LO 1/2015 en la materia que nos ocupa es la incorporación del género como motivo de discriminación en la agravante 4.ª del artículo 22 CP.

Por otro lado, resulta de vital importancia dentro de lo que hemos venido a llamar el "estatus jurídico de la mujer maltratada", la Ley 4/2015, de 27 de abril, del Estatuto de la víctima del delito, que establece una serie de derechos a favor de las víctimas de violencia de género[24]. Entre las medidas previstas por la citada Ley, se encuentra el derecho de la víctima a ser informada desde el primer contacto con las autoridades judiciales sobre las medidas de asistencia, apoyo, asesoramiento y protección posibles, así como sobre la causa penal; a garantizar su vida, integridad física, psíquica o seguridad; a evitar el contacto directo

24 La Ley 4/2015 transpone entre otras la Directiva 2012/29/UE, del Parlamento Europeo y del Consejo de 25 de octubre de 2012, por la que se establecen normas mínimas sobre los derechos, el apoyo y la protección a las víctimas de delitos, con el objetivo de elaborar un catálogo general de derechos procesales y extraprocesales de todas las víctimas de delitos. La Ley 4/2015 ha sido desarrollada por el Real Decreto 1109/2015, de 11 de diciembre, que regula la actuación de las Oficinas de Asistencia a las Víctimas del Delito, que son las encargadas de valorar las necesidades individuales de las víctimas.

con el infractor; proteger su intimidad; evaluar su situación de especial vulnerabilidad; y evitar la victimización secundaria en el desarrollo de la investigación y la celebración del juicio (lo que implica que se le debe someter a la mujer al menor número de declaraciones posible y que puede ir la víctima a los juzgados acompañada de una persona de su confianza).

Volviendo a la LOVG, cabe señalar que, desde un punto de vista judicial, buscó mejorar la coordinación institucional de los distintos profesionales que tratan a las víctimas, atribuyendo a los Juzgados de Violencia sobre la Mujer (en adelante JVM) competencias no solo penales sino también civiles por razón de los asuntos que conocen (arts. 43 y 44 LOVG)[25]. Otras medidas a destacar de la LOVG en el ámbito civil son, la prohibición de la mediación (art. 44.5), la protección de datos y las limitaciones a la publicidad en las actuaciones y procedimientos relacionados con la violencia de género (art. 63), las medidas sobre la salida del domicilio del maltratador (art. 64), así como la suspensión de la patria potestad o custodia de menores y del régimen de visitas al padre maltratador (arts. 65-66).

Centrándonos en el ámbito de la violencia de género en las mujeres mayores, esta tiene un especial impacto al identificarse ciertas variables que les hace más vulnerables, como el haberse criado en valores machistas, su falta de independencia económica en muchos casos, o la falta de visibilidad institucional[26]. De ahí que el artículo 14 de la Ley Orgánica 3/2007, de

---

[25] Esta especialización también pasó a informar la estructura organizativa del Ministerio Fiscal (arts. 70 a 72 LOVG) y de las Fuerzas y Cuerpos de Seguridad (art. 31 LOVG), así como la dotación de recursos adecuados (equipos psicosociales, unidades de valoración forense integral, DA 2.ª), creando una verdadera jurisdicción especializada.

[26] Ramos Toro, M. (cood.) / Quezada García, M.Y./ Díaz García, M.E./ Pallero Soto, M.P. (2020). *Diagnóstico de la violencia de género que sufren las mujeres mayores de 60 años en la ciudad de Madrid.* Di-

22 de marzo, para la igualdad efectiva de mujeres y hombres, reconozca a las mujeres mayores como uno de los colectivos de especial vulnerabilidad, junto a las mujeres víctimas de violencia de género, para los cuales los poderes públicos deben adoptar medidas de acción positiva.

El Pacto de Estado contra la Violencia de Género adoptado en el Congreso de los Diputados y en el Senado en diciembre de 2017 (en su documento refundido de 13 de mayo de 2019)[27], además de modificar la LOVG (arts. 20, 23 y 27, relativos a la designación de abogado y procurador a las víctimas de violencia de género, atribución de la posibilidad de personarse en cualquier momento en el procedimiento y simplificación de la forma de acreditar la cualidad de víctima a efectos de gozar de los beneficios que establece la Ley), incluye en el eje 3 a las mujeres mayores como uno de los colectivos más vulnerables a los que hay que prestar especial atención y adecuar los recursos existentes para combatir la violencia de género; y como medida 172 prevé la determinación de criterios para fijar las indemnizaciones a favor de las víctimas de violencia de género.

---

rección General de Prevención y Atención frente a la Violencia de Género. Área de Gobierno de Familias, Igualdad y Bienestar Social. Ayuntamiento de Madrid, p. 51. https://www.madrid.es/UnidadesDescentralizadas/IgualdadDeOportunidades/Publicaciones/Publicaciones%202021/DiagnosticoVGMujeresMayores2021.pdf. Recuperado el 14 de noviembre de 2023.

27 https://violenciagenero.igualdad.gob.es/pactoEstado/docs/Documento_Refundido_PEVG_2.pdf. Recuperado el 14 de noviembre de 2023. *Vid.* aquí, Del Pozo Pérez, M. (2019). "El pacto de Estado contra la violencia de género: justificación, génesis y primeras consecuencias". *Retos actuales para la erradicación de la desigualdad y la violencia de género,* A. Figueruelo y M. Del Pozo (dirs.) y P. Ramos (coord.), Tirant lo Blanch, pp. 253 y ss.; y Sanz Mulas, N. (2019). *Violencia de género y Pacto de Estado. La huida hacia delante de una norma agotada (LO 1/2004).* Tirant lo Blanch. Valencia, pp. 31-43.

La última modificación de la LOVG se ha producido de hecho con la Disposición Final 9.ª de la Ley Orgánica 10/2022, de 6 de septiembre, de garantía integral de la libertad sexual, más conocida como la "ley del solo sí es sí", en orden a dar cumplimiento a los distintos textos internacionales mencionados y al Pacto de Estado contra la Violencia de Género. En ella se amplían los planes de sensibilización y prevención frente a la violencia de género (art. 3), se busca garantizar el derecho de las víctimas a recibir plena información y asesoramiento adecuado, con especial atención a las mujeres con discapacidad (art. 18), se concreta la atención multidisciplinar que deben recibir (art. 19 y 19 bis) y sus derechos laborales y de Seguridad Social (arts. 21 y 22), ampliándose las situaciones a las que dan lugar el reconocimiento de los derechos regulados en la Ley (art. 23)[28]. Particularmente, en lo que aquí interesa, la LO 10/2022 ha añadido a la LOVG un nuevo Capítulo V, que lleva por título el "Derecho a la reparación", dentro del Título II relativo a los "Derechos de las mujeres víctimas de violencia de género", compuesto por los art. 28 bis y 28 ter, que pretenden la reparación integral de las víctimas de violencia de género, con la colaboración de las administraciones públicas, y donde

[28] Las situaciones de violencia de género que dan lugar al reconocimiento de los derechos recogidos en la LOVG *se acreditarán* "mediante una sentencia condenatoria por cualquiera de las manifestaciones de la violencia contra las mujeres previstas en esta ley, una orden de protección o cualquier otra resolución judicial que acuerde una medida cautelar a favor de la víctima o bien por el informe del Ministerio Fiscal que indique la existencia de indicios de que la demandante es víctima de violencia de género. También podrán acreditarse las situaciones de violencia contra las mujeres mediante informe de los servicios sociales, de los servicios especializados, o de los servicios de acogida de la Administración Pública competente destinados a las víctimas de violencia de género, *o por cualquier otro título,* siempre que ello esté previsto en las disposiciones normativas de carácter sectorial que regulen el acceso a cada uno de los derechos y recursos" (art. 23 LOVG).

se introducen una serie de criterios para fijar las indemnizaciones a los que haremos referencia en los siguientes apartados.

4. Legislación autonómica

Junto a esta normativa de carácter estatal, hay que tener presente que las distintas Comunidades Autónomas también cuentan con una legislación propia que intenta proteger a la mujer víctima del maltrato de su pareja. Estas normas autonómicas recogen el mandato de la LOVG, en cuanto encomienda a las CCAA, dentro de su ámbito competencial, la organización y prestación de servicios sociales de atención, de emergencia, de apoyo, acogida y recuperación integral de las víctimas de violencia de género (art. 19 LOVG)[29].

---

29 Así, Andalucía cuenta con la Ley 13/2007, de 26 de noviembre, de medidas de prevención y protección integral contra la violencia de género (modificada por la Ley 7/2018, de 30 de julio); Aragón con la Ley 4/2007, de 22 de marzo, de Prevención y Protección integral a las mujeres víctimas de la violencia; Cantabria con la Ley 1/2004, de 1 de abril, Integral para la Prevención de la Violencia Contra las Mujeres y Protección a sus Víctimas (modificada por la Ley 8/2010, 23 diciembre, de garantía de derechos y atención a la infancia y la adolescencia); también están la Ley 4/2018, de 8 de octubre, para una Sociedad Libre de Violencia de Género en Castilla-La Mancha; la Ley 13/2010, de 9 de diciembre, contra la Violencia de Género en Castilla y León; en Cataluña, la Ley 5/2008, de 24 de abril, del derecho de las mujeres a erradicar la violencia machista (modificada por la Ley 17/2020, de 22 de diciembre); la Ley 7/2012, de 23 de noviembre, integral contra la violencia sobre la mujer en el ámbito de la Comunitat Valenciana; la Ley 8/2011, de 23 de marzo, de Igualdad entre Mujeres y Hombres y contra la Violencia de Género en Extremadura; la Ley 11/2007, de 27 de julio, gallega para la prevención y el tratamiento integral de la violencia de género (modificada por la Ley 15/2021, de 3 de diciembre); la Ley 11/2016, de 28 de julio, de igualdad de mujeres y hombres de la Comunidad

En una visión general entre las diversas leyes autonómicas, se puede constatar que el concepto de violencia de género varía de unas a otras, así como también los estándares de cobertura[30]. En la materia que nos ocupa, muchas de estas leyes ni siquiera hacen referencia al colectivo de mujeres mayores. Cuando lo hacen, es para promover estrategias de sensibilización, para que conozcan los recursos y puedan adoptar posiciones activas ante estas situaciones de violencia por parte de su pareja, para lo cual es importante facilitarles información específica sobre violencia machista[31]. También muchas de estas leyes consideran a las mujeres mayores un colectivo prioritario

Autónoma de las Islas Baleares; en las Islas Canarias, la Ley 16/2003, de 8 de abril, de Prevención y Protección Integral de las Mujeres contra la Violencia de Género (modificada por la Ley 1/2017, de 17 de marzo); la Ley 11/2022, de 20 de septiembre, contra la Violencia de Género de La Rioja; la Ley 5/2005, de 20 de diciembre, integral contra la violencia de género de la Comunidad de Madrid (modificada por la Ley 3/2018, 22 junio); la Comunidad Foral de Navarra, cuenta con la Ley Foral 14/2015, de 10 de abril, para actuar contra la violencia hacia las mujeres (modificada por la Ley Foral 3/2018); el Principado de Asturias, con Ley 2/2011, de 11 de marzo, para la igualdad de mujeres y hombres y la erradicación de la violencia de género; la Región de Murcia, con Ley 7/2007, de 4 de abril, para la igualdad entre mujeres y hombres, y de protección contra la violencia de género en la Región de Murcia (modificada por la Ley 3/2019, de 20 de marzo); y el País Vasco, con Ley 4/2005, de 18 de febrero, para la Igualdad de Mujeres y Hombres, (modificada por la Ley 1/2022, de 3 de marzo, de segunda modificación de la Ley para la Igualdad de Mujeres y Hombres). En suma, todas las CCAA tienen una ley propia contra la violencia de género.

30 Sobre el particular *vid.* Ramos Vázquez, J.A. (2010). "Los diferentes conceptos de violencia de género en la legislación estatal y autonómica". *La respuesta penal a la violencia de género. Lecciones de diez años de experiencia de una política criminal punitivista,* L.M. Puente Alba (dir.). Comares. Granada, pp. 119 y ss.

31 Así, por ejemplo, art. 69 la Ley catalana 5/2008, de 24 de abril, del derecho de las mujeres a erradicar la violencia machista, entre otras;

a los efectos de poder tener acceso a residencias públicas o concertadas, como dispone la LOVG (art. 28)[32].

Con todo, en alguna ocasión podemos encontrar que la ley autonómica equipara en su estándar de protección a las mujeres mayores con los menores de edad. Como es el caso del art. 31.2 de la Ley Foral navarra 14/2015, de 10 de abril, para actuar contra la violencia hacia las mujeres, cuando afirma, con una deficiente técnica legislativa, que: "Podrán beneficiarse de las medidas establecidas en este título (relativo a los recursos y servicios de atención y recuperación), *además de las mujeres mayores y menores de edad* supervivientes de cualquier manifestación de la violencia contra las mujeres, las personas menores de edad que se encuentren bajo su patria potestad, guarda o tutela (refiriéndose a las mujeres víctimas de violencia de género) o, en su caso, las personas mayores de edad con discapacidad o dependientes convivientes con la mujer víctima". Y digo deficiente técnica legislativa, porque la mujer no puede ser nunca vista en los casos de violencia de género antes como persona mayor que como mujer y menos equiparar su situación como víctima de violencia de género con la de un menor de edad.

---

y el art. 52 de la Ley 4/2005, de 18 de febrero, para la Igualdad de Mujeres y Hombres del País Vasco.

32 Es el caso del art. 48.4 de la Ley andaluza 13/2007, de 26 de noviembre, de medidas de prevención y protección integral contra la violencia de género; el art. 56 de la Ley 11/2022, de 20 de septiembre, contra la Violencia de Género de La Rioja; el art. 46 de la Ley 11/2007, de 27 de julio, gallega para la prevención y el tratamiento integral de la violencia de género; el art. 57 de la Ley 7/2012, de 23 de noviembre, integral contra la violencia sobre la mujer en el ámbito de la Comunitat Valenciana; el art. 40 de la Ley 13/2010, de 9 de diciembre, contra la Violencia de Género en Castilla y León; y la DF 1.ª de la Ley 4/2018, de 8 de octubre, para una Sociedad Libre de Violencia de Género en Castilla-La Mancha.

En fin, de todo lo expuesto anteriormente, hay que llegar a la conclusión de que no hay tratamiento legal específico, ni nacional ni internacional, dirigido a la protección de las mujeres mayores víctimas de la violencia de género y a la lesión a sus derechos fundamentales, como su integridad física y psíquica (art. 15 CE), su dignidad y su integridad moral (art. 10 CE), así como la protección de su salud (art. 43 CE).

IV. LA VIOLENCIA DE GÉNERO CONTRA LAS MUJERES MAYORES EN LAS RELACIONES DE PAREJA

Muchas de las mujeres que son objeto de este trabajo se criaron en un contexto social donde la mujer casada era una persona que ocupaba una posición jurídica de subordinación a su marido, al que debía obediencia (art. 57 CC de 1889); estaba obligada a seguirle donde quiera que fijara su residencia (art. 58 CC de 1889); la patria potestad de los hijos le correspondía a él; y de él necesitaba licencia marital para casi todo, como para viajar u obtener un pasaporte, trabajar fuera de casa, abrir una cuenta bancaria, aceptar o repudiar herencias, adquirir a título oneroso e incluso para disponer de sus propios ingresos (arts. 60 y 61 también del CC de 1889)[33].

---

33 Entiende García Goyena [García Goyena, F./ Lacruz Berdejo, J.L. (1974). *Concordancias, Motivos y Comentarios del Código civil español.* Cometa. Zaragoza, p. 38], cuando comenta los derechos y obligaciones entre marido y mujer, (arts. 57-58 del Proyecto de CC de 1851), que el marido tiene un derecho a castigar de forma moderada a su mujer (*modice castigandi uxorem*) en cuanto sea necesario para mantener el buen orden de la familia, del que es responsable, pues al que se le impone una obligación, se le deben de dar los medios necesarios para desempeñarla. También la mujer —decía— debe obediencia al marido, pues es una consecuencia necesaria de la sociedad conyugal que no podría subsistir si uno de los esposos no estuviera subordinado al otro.
Tomando como base precisamente el CC, Larrauri [(2008). *Mujeres* ..., cit., p. 7], afirma que los malos tratos domésticos representan el ejercicio extremo de una autoridad que se considera legítima, como es el

La licencia marital no desaparecerá del Código civil hasta la reforma operada por la Ley de 2 de mayo de 1975, momento a partir del cual la mujer casada tendrá capacidad de obrar y podrá disponer por sí sola de los bienes parafernales, si bien el marido seguirá siendo titular de la patria potestad y administrador de la sociedad de gananciales[34].

Como consecuencia de la Constitución de 1978, en 1981 se igualará a la mujer en la titularidad y ejercicio de la patria potestad, y en las facultades sobre los bienes gananciales con la Ley 11/1981, de 13 de mayo. Pocos meses después, la Ley 30/1981, de 7 de julio, legalizó el divorcio. Hasta entonces, las únicas formas de disolver el matrimonio que tenían las mujeres eran la muerte o la nulidad matrimonial. Incluso tras la Ley 30/1981 se podía una divorciar o separar solo por determinadas causas, que se configuraban como una sanción. De hecho, muchas de las acciones que ahora tienen la categoría de delitos de violencia de género, se reconducían precisamente hacia esas causas de separación (art. 82 CC).

Así, con anterioridad a que se modificara el CC y la LEC por la Ley 15/2005, de 8 de julio, el art. 82.1.º CC preceptuaba como una de esas causas "la conducta injuriosa o vejatoria" de un cónyuge hacia otro. Estas conductas se consideraban un supuesto de incumplimiento del deber de respecto entre los cónyuges que consagra el art. 67 del CC ("Los cónyuges deben de respetarse y ayudarse mutuamente y actuar en interés de la familia"). Incluso, la mujer maltratada podía toparse hace unos años con jueces que consideraban que los insultos, las agresiones -cuando eran leves-, las discusiones y las discrepancias, constituían simples incidentes vulgares de la vida cotidiana matrimonial, que ni siquie-

---

ejercicio del derecho de corrección, correlativo al deber de obediencia de la mujer, que hasta hace unos años (1975) figuraba en el CC.

34 Álvarez Olalla, P. (2023). "Perspectiva de género en el ámbito del derecho civil". *Economía. Revista en Cultura de la Legalidad,* (25), p. 377.

ra justificaban la concurrencia de la causal de conducta injuriosa o vejatoria para la separación matrimonial[35].

Afortunadamente hoy en día nuestro Ordenamiento no exige la concurrencia de causas para solicitar el divorcio o la separación, hay una legislación que protege frente a la violencia contra la mujer y la conciencia judicial de género está generalizada. Pero en muchas mujeres mayores todavía perdura la creencia religiosa de la indisolubilidad del matrimonio, la idea del sacrificio por la familia y que su función como "cuidadora" es de por vida. Detrás de todo ello se encentra en ocasiones la dificultad de poder llevar una vida económicamente independiente de su maltratador, la imposibilidad de acceder al mercado laboral con más de 65 años de edad, pero sobre todo la habituación a este tipo de violencia.

1. El ciclo de la violencia acumulada a lo largo de la vida

Una de las características definitorias de la violencia de género en las mujeres de mayor edad es la persistencia en el tiempo de muchas de sus manifestaciones (violencia psicológica, económica, física o sexual) en su matrimonio o relación de pareja asimilada.

Según un estudio realizado por la Cruz Roja con el apoyo de la Universidad Carlos III (en cumplimiento de las medidas establecidas en el Pacto de Estado en Materia de Violencia de Género), el 40% de las mujeres encuestadas llevaba más de 40 años sufriendo violencia de género, el 27% entre 20 y 30 años. Y en cuanto a la relación entre la violencia y determinados acon-

---

35 Según recogen Romero Coloma, A.M. (2003). *La conducta injuriosa o vejatoria como causa de separación matrimonial: análisis jurídico.* Civitas. Madrid, p. 34-35 y Ureña Martínez, M. (2007). "Separación conyugal y malos tratos". *Aranzadi Civil,* (I), pp. 1983 y 1991.

tecimientos vitales, el 78% asociaban episodios violentos con el matrimonio, el 30% con el noviazgo y el mismo porcentaje con el nacimiento de los hijos[36]. Respecto a las razones que llevaron a muchas de estas mujeres a no denunciar o pedir ayuda, el estudio concluye que la principal ha sido el control y el prejuicio social respecto a su rol como esposas, teniendo en cuenta que su noviazgo y matrimonio tuvieron lugar hace más de 40 años.

El matrimonio o una relación de pareja de larga duración se puede, por tanto, convertir en ocasiones en la sede de las más graves violaciones de los derechos de la personalidad, aprovechando la relación privilegiada que nace entre sus componentes[37]. Muchas de las mujeres agredidas por su pareja pueden no considerar la ruptura, la separación o divorcio como una alternativa y aceptan que el maltrato es parte de la relación, sin denunciar su situación o intentar poner fin a la misma[38].

Esto último puede tener una explicación (el síndrome de la mujer maltratada, intentar proteger a la familia…) y también unas consecuencias (el maltrato psicológico). Y ello por cuanto, según la *Macroencuesta sobre la violencia contra la mujer 2019*, la violencia psicológica emocional sufrida por cualquier pareja o expareja a lo largo de la vida, es el segundo tipo de violencia más prevalente entre las mujeres encuestadas mayores de 65 años[39].

Creo que para entender de qué estamos hablando lo mejor es coger un caso real, como el que se expone en la STS, Sala 2.ª, n.º 544/2022 de 1 junio de 2022 (TOL9.002.379). Según se

---

36 Delegación del Gobierno para la Violencia de Género. (2017). *Estudio sobre las mujeres mayores…*, cit., p. 9.

37 De acuerdo con Fraccon, A. (2003). *Relazioni familiari e responsabilità civile*, Guiffrè, Milán, p. 127.

38 Rebolledo Deschamps, M.L. (coord.) / Martínez Rebolledo, A. / Peña Anguita, B. (2021), *Guía orientativa*.… cit., pp. 49-50.

39 Delegación del Gobierno contra la Violencia de Género (Ministerio de Igualdad). (2020). *Macroencuesta de Violencia*…cit., p. 40.

desprende de los hechos del caso, el procesado, Benito, nacido en el año 1932 (de 90 años en el momento de dictarse esta sentencia), se casó en 1962 con Zaida (de 87 años, también en ese momento), fijando su residencia en un pueblo de Plasencia, donde convivieron con sus cinco hijos hasta que éstos se fueron independizando.

"Benito —sigue diciendo la Sentencia— es un hombre de complexión y carácter fuerte, autoritario, de los de ordeno y mando, en expresión popular «chapado a la antigua» y cierto grado de agresividad y como tal se ha venido manifestando a lo largo de su vida con los miembros de su familia, en especial con su esposa Zaida, sobre quién ha ejercido un constante control de vida, costumbres y amistades, ninguneándola frente a hijos y vecinos, limitando su capacidad económica para hacerla más dependiente de él, alterándose por cualquier cosa que le importunara, hasta el punto de enfadarse si Zaida salía de casa para relacionarse con sus vecinas en el Hogar del pueblo, comportamiento que aderezaba con expresiones tales como «eres una zorra, una inútil, no vales para nada, no sabes cocinar, aquí va a pasar algo gordo», que por frecuentes fueron haciendo mella en Zaida hasta el punto de convertirla en una esposa sumisa evitando hacer algo que contrariara a su marido, y esto, con el paso de los años fue minando su carácter y personalidad hasta tal punto de que a finales de los años noventa Zaida comenzó a beber, como se suele decir «para olvidar o hacerlo llevadero», consumo que fue en aumento hasta convertirse en una mujer alcohólica que tuvo que seguir tratamiento durante años fuera de su localidad para superar su adicción, contando con la ayuda de sus hijos Guillermo y Laureano que en su vehículo la llevaban a la Asociación de Alcohólicos Anónimos, pues su marido se había desentendido del problema de su mujer, desde el principio. En fechas no concretadas Benito y Zaida pasaron a dormir separados, si bien era frecuente que Benito llamase a Zaida para que acudiera a su habitación a mantener relaciones sexuales, accediendo ésta de mala gana para no contrariar a su marido".

Zaida sufrió malos tratos habituales y relaciones sexuales no consentidas durante años, pero Benito solo fue condenado por un delito de abuso sexual del art. 181.1 y 3 CP, por una noche concreta, tras una de tantas relaciones sexuales no consentidas, después de 55 años de matrimonio, en la que su hijo, al ver la situación de su madre, no pudo más y llamó a la Guardia Civil. También fue condenado a pagar 6.000 euros como indemnización por el daño moral causado a su mujer Zaida[40]. Poca cantidad parece, si —como afirma el Tribunal Supremo en esta misma sentencia— se trata de: "estados de violencia, (que) sin perjuicio de sus concretas manifestaciones lesivas, desdignifican a la víctima sometiéndola al imperio del victimario. Lo que explica, en numerosos supuestos, que durante años se soporte una situación que desde fuera del conflicto se percibe como extremadamente insoportable" (FJ 2.º).

¿Hay alguna explicación a la tolerancia de todos estos años de maltrato? Además, de las creencias en las que ambos cónyuges se criaron, también podemos encontrar una explicación científica que se conoce como el *síndrome de la mujer maltratada*. Así, en un primer momento, psicólogos y psiquiatras, partían de la hipótesis de que existían características propias de las víctimas que les hacían propicias al maltrato o la violencia. Sin embargo, hoy se afirma que no hay un perfil de mujer maltra-

40 Entre otros razonamientos que da la Sala para condenar al acusado es porque: "El Sr. Benito no puede ampararse en la tradición para cosificar y negar la libertad de la persona con la que se casó. Entre otras [y poderosas] razones porque lo tradicional no se convierte, por solo dicha razón, en legítimo y en constitucionalmente compatible. Y porque, en consecuencia, el Sr. Benito estaba obligado a ajustar su precomprensión de las relaciones personales a las exigencias indeclinables de igual consideración y respeto al otro que conforman la "reserva de conocimientos" elementales para desenvolverse en una sociedad conforme a los valores constitucionales" (STS n.º 544/2022 de 1 junio de 2022, FJ. 6.º).

tada, no existe un modelo de víctima al que ajustarse. Pero sí que hay una autoinculpación de la víctima-mujer en la situación que sufre, baja autoestima, indefensión, tristeza y ansiedad, entre otros trastornos. En fin, una serie de situaciones, de intensidad creciente, repetitiva y en forma de espiral, que los psicólogos han reducido a tres fases cíclicas, de acuerdo con el ciclo descrito en un principio por la psicóloga americana Leonore Walker[41] y hoy unánimemente aceptado.

Así, en cuanto al ciclo de violencia propuesto por Walker, se afirma que la violencia tiene generalmente lugar de forma cíclica y repetitiva a través de tres fases. La primera de esas fases cíclicas es la acumulación de tensión, que se caracteriza por un incremento progresivo de la tensión, apareciendo los primeros roces o incidentes menores de maltrato. Le sigue la segunda fase de explosión de la violencia, donde la acumulación de tensión alcanza su límite y se produce su descarga a través de conductas de violencia física y psicológica de manera intensa y grave. La tercera y última fase es la de reconciliación o "luna de miel", caracterizada por la amabilidad y el afecto que el maltratador tiene hacia su víctima y el arrepentimiento de su conducta anterior[42].

Este ciclo explica por qué resulta tan complejo romper con una relación de pareja en la que se sufre violencia y la razón por la que algunas mujeres retiran la denuncia y vuelven con su maltratador[43]. Es importante remarcar que, en muchos de los casos

---

41 Walker, L. E. (1984). *The Battered Woman Syndrome.* Springer Publishing Company. New York.

42 Casals Fernández, A. (2019). "El síndrome de la mujer maltratada: medidas de prevención e intervención". *Tratado sobre la igualdad jurídica y social de la mujer en el siglo XXI,* M.B. Fernández González (coord.). Dykinson, Madrid, p. 334.

43 Sobre las fases de dicho ciclo *vid.* Benítez Jiménez, M.J. (2004). *Violencia contra la mujer en el ámbito familiar. Cambios sociales y legislativos,*

de mujeres mayores, el comienzo de esta violencia se produjo muy pronto, como reflejan diferentes estudios[44]. Se casaron bastante jóvenes con su primer novio, tras un periodo de noviazgo en el que ellos eran muy atentos, cariñosos y detallistas, sin poder imaginar que luego serían personas violentas y controladoras.

El síndrome de la mujer maltratada también se emplea para hacer referencia a las alteraciones psíquicas y sus consecuencias por la situación de maltrato permanente que puede sufrir una mujer. Entre los efectos negativos más frecuentes que presenta el maltrato habitual para la salud física y mental de la mujer y que perduran en el tiempo, aunque haya acabado la relación de maltrato —como han puesto de manifiesto los especialistas en el tema— estaría el trastorno de estrés postraumático (presentándose en mayor medida en las mujeres que todavía conviven con el agresor y las que se han separado recientemente), la ansiedad, la depresión, trastornos psicosomáticos (esto es, enfermedades que se desarrollan o agravan como consecuencia de la situación psicológica de la víctima), trastornos de la conducta alimentaria y del sueño o desarrollo de conductas adictivas (como el abuso del alcohol o tranquilizantes); así como el aumento de sentimientos de culpa, vergüenza, temor, deterioro de la autoestima que lleva a la mujer a pensar en muchas ocasiones que merece su castigo e incluso dirigirla al suicidio.

Edisofer, Madrid, pp. 45 y ss.; y Montero de Espinosa Rodríguez, N. (2007). "Los instrumentos de valoración del daño en la violencia de género". *La valoración del daño en las víctimas de la violencia de género,* P. Marín López / M. Lorente Acosta (codirs.), Estudios de Derecho Judicial, (139), CGPJ, Madrid, pp. 63-64.

44 Ramos Toro, M. (cood.) / Quezada García, M.Y./ Díaz García, M.E./ Pallero Soto, M.P. (2020). *Diagnóstico de la violencia de género...,* cit., pp. 43-44.

Todos estos aspectos se incrementan con la frecuencia y la severidad de las agresiones físicas y psíquicas sufridas[45]. Debido a las largas historias de malos tratos, agresiones y humillaciones que caracteriza la violencia de género en las mujeres mayores, este ciclo de maltrato tiene un gran impacto en la salud física, pero sobre todo mental de la mujer, que desarrolla un gran sentimiento de culpabilidad, así como un mayor desgaste y una mayor habituación al maltrato. También mayores dificultades para poner fin a las relaciones de violencia, en la medida en que se produce una lenta adaptación de la mujer al maltrato y un mayor grado de normalización de dicha violencia[46]. Por lo que les hace un grupo especialmente vulnerable a estas situaciones, debién-

---

45 Para un conocimiento más detallado del tema *vid.* Martín María, B. (2007). "La identificación del daño en la violencia contra las mujeres. Criterios de reparación desde una perspectiva de género". *La valoración del daño en las víctimas de la violencia de género*, P. Marín López / M. Lorente Acosta (codirs.). Estudios de Derecho Judicial, (139), CGPJ, Madrid, pp. 313 y ss.; Montero de Espinosa Rodríguez, N. (2007). "Los instrumentos…", cit., pp. 83 y ss.; Lorente Acota, M. / Lorente Acosta, J.A. / Martínez Vilda, E. / Villanueva Cañadas, E. (2000). "Síndrome de agresión a la mujer. Síndrome de maltrato a la mujer". *Revista Electrónica de Ciencia Penal y Criminología* 02-07. http://criminet.ugr.es/recpc/recpc_02-07.html. Recuperado el 14 de noviembre de 2023; y Bermúdez, M.P. / Matud, M.P. / Navarro Mantas, l. (2009). "Consecuencias del maltrato a la mujer por su pareja". *Violencia de género. Tratado psicológico y legal*, F. Fariña / R. Arce / G. Buela-Casal (eds.). Biblioteca Nueva. Madrid, pp. 109-115.

46 Mateos Gil, A. / Pérez Castaño, C. / San Andrés Moreno, S. (2017). *Las mayores tienen voz. Claves para el acompañamiento a mujeres mayores en situación de violencia de género. Proyecto Hazte visible, hazme visible.* Fundación Edp, Ministerio de Sanidad. Servicios Sociales e Igualdad y Fundación Luz Casanova, pp. 43-44. https://proyectosluzcasanova.org/wp-content/uploads/2020/07/Guia-Las-mayores-tienen-voz-violencia-de-genero.pdf. Recuperado el 14 de noviembre de 2023; Gracia Ibáñez, J. (2012). "La violencia de género…", cit., p. 303; Damonti, P./ Iturbide Rodrigo, R. / Amigot Leache, P. (2020). *Violencia contra las mujeres mayores…*, cit. pp. 129-130.

doles facilitar la Administración mecanismos para asesorarles sobre sus derechos y los recursos disponibles para su protección.

2. El maltrato psicológico como principal forma de violencia en las mujeres mayores

Los delitos de violencia de género se han tipificado de dos maneras diferentes. Los delitos más graves (como el homicidio, asesinato, aborto, lesiones al feto o agresión sexual), donde no cuentan con un tipo específico "de género", por lo que las conductas que se realicen contra una mujer por un deseo de dominación machista, se subsumirán en el tipo de delito correspondiente y se le aplicará la agravante de género (art. 22.4.ª CP)[47]. Y, los otros delitos menos graves, como el delito de lesiones (art. 148.4.º CP), maltrato habitual (art. 173.2 CP), o de obra (art. 153.1 CP), las injurias y vejaciones (art. 173.4 CP), las amenazas (art. 171.4 CP) y las coacciones (art. 172.2. CP), que cuentan con un tipo agravado si la víctima fuere o hubiera sido esposa,

[47] Como manifiesta la STS, Sala 2.ª, 26 de febrero de 2019 (TOL7.088.043), esta agravación tiene su razón de ser en el "plus de antijuridicidad que supone ejecutar el hecho como manifestación de dominio, de relación de poder o de desigualdad, es decir, en discriminación de la mujer por razón de género", siendo suficiente que el autor sea consciente que la conducta coloca a la mujer en una posición de subordinación. Por ello, se ha considerado compatible esta agravante de género, con la de parentesco prevista en el art. 23 CP, aplicable cuando el agraviado es cónyuge o persona que esté o haya estado ligada de forma estable por análoga relación de afectividad, o ser ascendiente, descendiente o hermano [en este sentido SSTS, Sala 2.ª, 25 de septiembre de 2018 (TOL6.812.262), 19 de noviembre de 2018 (TOL6.919.645) y 13 de enero de 2022 (TOL8.753.467)].

o mujer que estuviere o hubiere estado ligada al autor por una análoga relación de afectividad, aun sin convivencia[48].

En el acervo que conforman las medidas penales para la prevención criminal de la violencia de género no aparece, sin embargo, distinción alguna en razón de la edad[49]. Y ello por cuanto las causas de la violencia de género la distinguen de la que se produce dentro de la familia (violencia doméstica) y que pueden sufrir personas mayores o especialmente vulnerables que convivan con el autor; así como del maltrato en el ámbito familiar a las personas mayores[50]. La protección penal de estas

---

48 De acuerdo con el art. 173.2: "El que *habitualmente* ejerza violencia física o psíquica sobre quien sea o haya sido su cónyuge o sobre persona que esté o haya estado ligada a él por una análoga relación de afectividad aun sin convivencia.... será castigado con la pena de prisión de seis meses a tres años, privación del derecho a la tenencia y porte de armas de tres a cinco años y, en su caso, cuando el juez o tribunal lo estime adecuado al interés del menor o persona con discapacidad necesitada de especial protección, inhabilitación especial para el ejercicio de la patria potestad, tutela, curatela, guarda o acogimiento por tiempo de uno a cinco años, sin perjuicio de las penas que pudieran corresponder a los delitos en que se hubieran concretado los actos de violencia física o psíquica".

49 Gallardo García, R.M. / Gómez López, M.R. (2021). "Sobre la necesidad de reflexión criminológica en las propuestas de política criminal ante los factores discapacidad y edad en las mujeres maltratadas". *Mujeres especialmente vulnerables ante la violencia de género: mujeres con discapacidad y de edad avanzada*, C. Ferrandas Caramés (dir.). Tirant lo Blanch. Valencia, p. 305, quienes abogan para que en estos casos se aplique el límite máximo de la pena prevista en el delito concreto.

50 Según la Declaración de Toronto de 2002 (Organización Mundial de la Salud, *Declaración de Toronto para la Prevención Global del Maltrato de las Personas Mayores*, 17 de noviembre de 2002, p. 3), el maltrato de personas mayores sería "la acción única o repetida, o la falta de la respuesta apropiada, que ocurre dentro de cualquier relación donde exista una expectativa de confianza, que causa daño o angustia a una persona mayor. Puede ser de varios tipos: físico, psicológico/

últimas conductas se encuentran diseminadas en diversos preceptos del Código punitivo (arts. 140.1.1.ª, 153.2, 173.2, 226.1 CP) como agravaciones específicas o genéricas, que concuerdan con el carácter especialmente vulnerable de una persona de avanzada edad[51]. Pero no tienen su causa en el hecho de ser mujer y la dominación que históricamente ha tenido respecto del hombre, como ocurre en la violencia de género.

Los profesionales suelen insistir que a ciertas edades se produce una transformación progresiva del tipo de violencia ejercido sobre las mujeres por parte de sus parejas o exparejas, intensificándose la violencia psicológica y yendo en declive la física y sexual[52]. Debido a que el objeto de estudio del presente trabajo se centra en la violencia de género en las personas mayores, dedicaremos a la violencia psicológica nuestra especial atención, al ser la más prevalente entre las mujeres de cierta edad.

2.1. Conductas constitutivas de delito

El delito de malos tratos habituales del art. 173.2 del CP es el que resultará de más frecuente aplicación en los casos de violencia psicológica contra las mujeres mayores. Este tipo delictivo está incluido dentro de los delitos contra la integridad moral de las personas, que es distinta de la integridad física o psíquica protegida por el delito de lesiones. La integridad

---

emocional, sexual, financiero o simplemente reflejar negligencia intencional o por omisión".

51 *Vid.* con más detalle, Muñoz Cuesta, J. (2021). "Maltrato a las personas mayores y víctimas vulnerables: delitos contra la integridad moral. Abandono". *Tratado de Derecho y Envejecimiento. La adaptación del Derecho a la nueva longevidad*, C.M. Romeo Casabona (coord.). Fundación Mutualidad Abogacía y Wolters Kluwer. Madrid, pp. 760-781.

52 Damonti, P./ Iturbide Rodrigo, R. / Amigot Leache, P. (2020). *Violencia contra las mujeres mayores*...cit., p. 71.

moral protegida con él ha sido identificada por nuestro Tribunal Supremo con la idea de dignidad e inviolabilidad de la persona, concretamente con su derecho a no ser sometida a trato inhumano o degradante en el ámbito de la familia, protegiéndose al tiempo la paz en el núcleo familiar como bien jurídico colectivo[53].

Para que una conducta esté dentro de la órbita penal del art. 173.2 CP, se precisa la nota de habitualidad[54]. Esta exigencia, según ha manifestado la Sala 2.ª del TS, puede derivarse de una sola acción particularmente intensa que integre notas que vertebren el tipo o bien de una conducta mantenida en el tiempo[55]. Pero también de insultos que el agresor puede utilizar de forma deliberada y continuada, sabiendo que le afectan a la víctima, atendiendo a su personalidad[56]. Exigiendo por parte del maltratador un comportamiento activo y no meramente omisivo[57]. En suma, se trata de actos que, desde una perspectiva de conjunto, generan una situación de dominación y temor sobre la víctima que menoscaba su dignidad[58].

Por tanto, lo relevante para la aplicación del tipo penal de maltrato del art. 173.2 no es tanto la reiteración documentada de una conducta, sino la creación de un espacio de terror por

---

53 SSTS, Sala 2.ª, 3 de noviembre de 2009 (TOL1.726.709); 17 de mayo de 2010 (TOL1.866.988); 14 de marzo de 2012 (TOL2.498.294) y 25 de enero de 2013 (TOL3.525.543).

54 Pues la propia norma se refiere como sujeto activo del delito al que: "habitualmente ejerza violencia física o psíquica sobre quien sea o haya sido su cónyuge o sobre persona que esté o haya estado ligada a él por una análoga relación de afectividad aun sin convivencia".

55 SSTS, Sala 2.ª, de 2 de abril de 2003 (TOL276.346) y 28 abril 2021 (TOL8.422.866).

56 STS, Sala 2.ª, de 11 de mayo de 2010 (TOL1.878.104).

57 Acuerdo del TS, Sala 2.ª Sec. U., de 21 de julio de 2009 (JUR 2009, 374119).

58 STS, Sala 2.ª, de 14 de junio de 2023 (TOL9.652.201).

parte del sujeto activo mediante la reiteración de conductas violentas tendentes a degradar al sujeto pasivo que las recibe[59]; siendo lo importante que el Tribunal llegue a la convicción de que la víctima vive en un estado de agresión (física o moral) permanente[60]. Por lo que Supremo ha considerado que es posible penar separadamente el delito de violencia doméstica habitual, de los delitos en que se hubieran materializado los actos de violencia concretos[61].

Siguiendo con el ámbito penal, a través del art. 153.1 CP, se castiga la causación por cualquier medio o procedimiento de un "menoscabo psíquico o una lesión" de menor gravedad, o golpear o maltratar de obra a otro sin causarle lesión, cuando el agresor tiene unas relaciones especiales con el sujeto pasivo. El art. 153 del CP viene siendo aplicado por los Tribunales cuando resulta probado que se han producido actos de violencia doméstica, pero no queda acreditada su concreta entidad (no requiere para su aplicación informes médicos de la víctima), ni concurre la nota de habitualidad y/o se trata de una conducta especialmente vejatoria[62].

---

59 STS, Sala 2.ª, de 12 de mayo de 2009 (TOL1.564.629).

60 SSTS, Sala 2.ª, de 22 de febrero de 2006 (TOL866.130) y 3 de noviembre de 2009 (TOL1.726.709).

61 SSTS, Sala 2.ª, de 28 de septiembre de 2017 (TOL6.378.766) y 19 de marzo de 2019 (TOL7.147.400).

62 Según Corcoy Bidasolo, M. / Mir Puig, S. (2011). *Comentarios al Código Penal. Reforma LO 5/2010*. Tirant lo Blanch. Valencia, p. 361. Olmedo Cardenete, M. (2009). "Tratamiento de las agresiones leves ocasionales en el contexto de la violencia doméstica y de género". *La Ley Integral: Un estudio multidisciplinar*, M.J. Jiménez Díaz (coord.). Dykinson. Madrid, p. 357, precisa que si el quebranto de la salud psíquica requiere para su curación tratamiento médico deberá aplicarse el delito de lesiones del art. 147 CP (con la agravante genérica de parentesco si concurre), siendo de aplicación el art. 153 CP cuando la alteración psíquica puede ser tratada mediante una primera asistencia facultativa.

Las estadísticas revelan que las mujeres tardan en denunciar los malos tratos una media de 8 años y 8 meses, tiempo que es mayor en el ámbito rural. Esto tiene como resultado que los delitos más calificados por el Ministerio Fiscal sean las lesiones del art. 153.1 CP, que constituyen prácticamente la mitad del total[63], y que las situaciones de malos tratos habituales queden más desprotegidas.

Las indemnizaciones que han otorgado los tribunales, tanto en los delitos de malos tratos habituales como ocasionales, han sido en muchas ocasiones meramente simbólicas, aplicando simplemente los criterios establecidos por las tablas del baremo para los accidentes de tráfico, incluido en el texto refundido de la Ley sobre Responsabilidad Civil y Seguro en la Circulación de Vehículos a Motor, aprobado por el RD Legislativo 8/2004, de 29 de octubre y modificado por la Ley 35/2015, de 22 de septiembre (en adelante, TRLRCSCVM)[64].

Finalmente, dentro de las conductas penales que podríamos considerar que encajan en un maltrato psicológico, habría que tener en cuenta el art. 173.4 CP, que castiga las injurias o vejaciones injustas, tipificadas dentro de los delitos contra la integridad moral y perseguibles mediante la denuncia de la persona agraviada (art. 215 CP). Sin embargo, este tipo penal raramente

---

63 Según se refleja en las *Conclusiones del XVII Seminario de Fiscales Delegados en Violencia sobre la Mujer*, celebrado los días 28 y 29 de noviembre de 2022 en Madrid, p. 16. https://observatorioviolencia.org/conclusiones-del-xvii-seminario-de-fiscales-delegados-en-violencia-sobre-la-mujer-2022/. Recuperado el 14 de noviembre de 2023.

64 Es el caso de la STS, Sala 2.ª, de 3 de mayo de 2018 (TOL6.630.358) que aprecia la cantidad concedida por la AP de 300 euros por las lesiones sufridas en el tobillo de la víctima, habiendo sido el agresor condenado por un delito de maltrato no habitual del art. 153.1 CP.

viene conectado en las sentencias en las que se aprecia con una responsabilidad civil por el daño causado a la víctima[65].

2.2. Conductas constitutivas de ilícito civil

La desconfianza que muchas mujeres mayores pueden tener hacia el proceso penal para solucionar su situación personal y compensar los daños sufridos por las actuaciones de su marido o expareja, así como la escasa cuantía de las indemnizaciones apreciadas por los tribunales penales en los casos de malos tratos habituales u ocasiones, y en los delitos de injurias y calumnias, conectados siempre con la comisión de un delito concreto, hace plantearnos la posibilidad de buscar una línea de actuación alternativa que implique la posibilidad de reclamar estos daños por la vía civil.

Llegados a este punto, conviene traer a colación la postura de la Sala 1.ª del TS en torno a la reparación de los daños por incumplimiento de los deberes conyugales, que viene a considerar que a menos que la conducta de un cónyuge hacia otro sea constitutiva de delito o lesione un derecho fundamental del otro, el incumplimiento de los deberes conyugales no es indemnizable [STS (Pleno) de 13 de noviembre de 2018 (TOL6.919.709)][66].

---

65 Como recoge Álvarez Olalla, P. (2020). *Violencia de género y responsabilidad civil.* Reus. Madrid, 2020, pp. 117-118.

66 Sobre el incumplimiento de los deberes conyugales y su indemnización *vid.*, Algarra Prats, E. (2012). "Incumplimiento de deberes conyugales y responsabilidad civil". *La responsabilidad civil en las relaciones familiares,* J.A. Moreno Martínez (coord.). Dykinson, 11-60; Barceló Doménech, J. (2016). "La responsabilidad por dolo en las relaciones familiares". *Actualidad Jurídica Iberoamericana* (4 ter), pp. 284 y ss.; y Sanciñena Asurmendi, C. / Fernández Chacón, I. (2021). "Familia y responsabilidad civil", *Anuario de Derecho Civil,* (III), pp. 771 y ss.

Obsérvese que entre los deberes conyugales se encuentra el deber de respeto muto (art. 67 CC). Y precisamente cuando se dan situaciones de violencia psicológica de control o violencia social, como el acoso familiar o conyugal, se están lesionado derechos fundamentales del otro cónyuge como su integridad moral (art. 15 CE) y su dignidad (art. 10 CE).

En el acoso familiar, el maltratador pretende aislar a la mujer de su familia y amistades, privándola de apoyo social y alejándola de su entorno social o menospreciándola en ese entorno, lo que se puede observar en forma de comunicación verbal y no verbal. En ocasiones no solo se trata de lo que hace o comunicación verbal (a través de gritos, burlas, reproches, críticas negativas, menosprecios…), sino de lo que no hace (no se reconoce la existencia del otro cónyuge, no se le habla, no se le tiene en cuenta, se le hace pasar por torpe, se le ningunea, no le presta los cuidados que esa persona precisa o se la sobremedica). Este último tipo de acoso va mermando la dignidad y la integridad moral de la víctima y podrían no estar amparados por un delito de malos tratos habituales del art. 173.2 del CP o bien haber prescrito la acción para reclamar el delito (art. 131.1 CP) y con ella la responsabilidad civil derivada del mismo.

El acoso conyugal podríamos decir que consiste en un ataque, continuo e intencional, de un cónyuge contra el otro a través de actitudes de desprecio, dentro y fuera del núcleo familiar, de provocaciones, indiferencias, presiones para que abandone el domicilio conyugal, excluirle de la toma de decisiones que afecten a la propia familia o forzarla a tomar decisiones en contra de su propia voluntad[67].

---

67 *Vid.* con más detalle mi trabajo (2012). "Resarcimiento y valoración del daño en los casos de violencia contra la mujer, con especial atención al *mobbing* conyugal". *La responsabilidad civil en las relaciones familiares,* J.A. Moreno Martínez (coord.). Dykinson. Madrid, pp. 364-369.

Precisamente, el *Estudio sobre las mujeres mayores de 65 años víctimas de violencia de género* realizado por la Delegación del Gobierno para la violencia de género indica que seis de cada diez mujeres encuestadas señalaron que el maltratador les impedía tomar decisiones relacionadas con la economía familiar y/o realizar compras de forma independiente; el 55% indicaron que no recibían dinero para los gastos del hogar, el 41% dijo que él se apropiaba de su dinero, el 34% que no la dejaba trabajar o estudiar fuera del hogar y un 31% que se apropiaba de sus bienes[68]. Otro elemento específico de la violencia que sufren muchas mujeres mayores es el uso de la edad para hacer daño[69]. Así, se utiliza la desvalorización que existe de las mujeres mayores en la sociedad para dañar a la pareja con frases como "estás vieja y ya no sirves para nada".

Algunos estudios reflejan también un aumento de la violencia precisamente en la vejez, asociada a cambios como la jubilación, donde al aumentar el tiempo de convivencia con la pareja, algunos hombres ejercen un mayor control sobre el tiempo, las actividades y las relaciones de sus esposas o parejas, lo que puede generar o aumentar los conflictos. Puede igualmente haber un aumento de la violencia asociada a cambios en el estado de salud de las mujeres, que llegan a la vejez con alguna enfermedad o alguna discapacidad que disminuye su autonomía personal y aumenta su dependencia, por lo que tienen mayor riesgo de que se incremente la intensidad y gravedad del maltrato que ya venían sufriendo[70].

Una consecuencia lógica derivada de este tipo de acoso moral es la desestabilización psicológica de la mujer y la posible re-

---

68 Delegación del Gobierno para la Violencia de Género. (2017). *Estudio sobre las mujeres mayores…*, cit., p. 10.

69 Damonti, P./ Iturbide Rodrigo, R. / Amigot Leache, P. (2020). *Violencia contra las mujeres mayores…* cit., p. 56.

70 Mateos Gil, A. / Pérez Castaño, C. / San Andrés Moreno, S. (2017). *Las mayores tienen voz…*, cit., p. 65.

clamación de daños psicológicos e incluso terapéuticos, cuando dieran lugar a la necesidad de tratamientos médicos, psicológicos y psiquiátricos, además de otros daños morales o sociales, que la mujer víctima del maltrato puede querer pretenderlos.

Bajo nuestro punto de vista, el ejercicio de la acción para reclamar estos daños es independiente y distinta de la acción para reclamar los daños derivados de un delito de violencia de género. Pues cabe observar aquí que cuando el Juez civil tiene noticia de la posible comisión de un acto de violencia de género, que no haya dado lugar a la iniciación de un proceso penal, ni a dictar una orden de protección, debe citar a las partes a una comparecencia con el Ministerio Fiscal (a celebrar en las siguientes 24 horas), con el fin de que éste tome conocimiento de los hechos acaecidos y decida si denunciarlos o solicitar una orden de protección ante el Juzgado de instrucción o el JVM competente (art. 49 bis. 2 LEC). En este caso, el Juez que esté conociendo del procedimiento civil continuará tramitando el asunto hasta que sea requerido, en su caso, por el JVM (art. 49 bis. 2 LEC). De ser así, deberá inhibirse a favor de este último, pero lo actuado ante el mismo conservará su validez. Es lo que se ha venido en llamar *vis atractiva* de los JVM, que provoca el desplazamiento hacia estos juzgados especializados en violencia de género de determinados procesos civiles pendientes en primera instancia, por razón de haberse iniciado actuaciones penales ante ellos, constituyendo una excepción al principio de *perpetuatio iurisdictionis*[71].

Siguiendo con la acción para reclamar los daños derivados de estas situaciones de maltrato a lo largo de los años, será a partir de la cesación de la convivencia cuando creemos que debería empezar a computar el plazo de prescripción (*ex* art. 1968.2.º CC) de la misma, pues es entonces cuando la mujer

71 Bilbao Berset, J. (2014). *La* vis atractiva *de los Juzgados de Violencia sobre la Mujer.* Atelier, Barcelona, p. 59.

que ha sufrido ese acoso familiar o conyugal, o la relación del maltrato, se ha podido liberar de su maltratador.

Esta acción civil podrá ejercitarse de forma acumulada con la demanda de separación o divorcio (arts. 71 y 73 LEC), por un principio de economía procesal, aunque tampoco veo problema, en línea de principios, a que se pueda formular de manera autónoma. Si bien, de admitirse este tipo de acción civil de reclamación de daños por lesión a la integridad moral y a la dignidad personal, conectada al incumplimiento del deber de respeto mutuo entre los cónyuges, lo normal es que se haga con ocasión de una demanda de separación o divorcio.

Esta acción cobra verdadero sentido en aquellos casos en los que hayan prescrito los delitos de violencia de género y con ellos el derecho de la víctima a reclamar la responsabilidad civil derivada de los mismos. Buena prueba de lo que quiero decir es el caso de la STS, Sala 2.ª, n.º 544/2022 de 1 junio de 2022 (TOL9.002.379) —expuesta en líneas anteriores—, donde 55 años de malos tratos solo fueron indemnizados con 6.000 euros, que fue el último delito cometido por el maltratador que no había prescrito, quedando sin resarcir la verdadera entidad del daño sufrido por la mujer.

La indemnización obtenida debería contemplar todas las partidas del daño indemnizable que prevé el actual art. 28 ter 2 LOVG, que desarrollaremos a continuación. Su valoración no dependerá de un delito concreto, como en el ámbito penal, sino del daño efectivamente causado por toda una vida de tratos contrarios a la dignidad e integridad de una persona. La indemnización tendrá, además, un carácter de bien privativo propio del cónyuge dañado, no ganancial, de acuerdo con lo dispuesto en el art. 1346. 6.º CC

En esta dirección, cabe señalar que la doctrina y la jurisprudencia italianas han sido precursoras a la hora de admitir la responsabilidad por violación de los deberes conyugales *ex* art. 2043 del *Codice civile*, y se han mostrado favorables a los nuevos daños no patrimoniales no conectados a un delito del art. 2059 *Codice civile*, cuando se prueba que la conducta de un cónyuge ha ocasionado un daño ilícito a un interés jurídico constitucionalmente protegido del otro cónyuge, conforme a los principios establecidos por la Sentencia del Tribunal de Casación (Sez. Un.) de 11 de noviembre de 2008, n. 26972[72]. En esta última, junto con otras dos sentencias de la misma fecha (n. 26974 y 26975), el alto Tribunal italiano puntualizó que, como el art. 2059 *Codice civile* no configura un ilícito civil distinto del contemplado en el 2043 (relativo al reconocimiento del daño patrimonial), para resarcir el daño no patrimonial, deben concurrir los mismos elementos estructurales requeridos por el art. 2043 CC (esto es, un hecho doloso o culposo, un daño injusto y el nexo causal entre ambos)[73].

Por otro lado, los Tribunales estatales americanos, sobre los que ha pesado la regla de la inmunidad conyugal (*interspousal immunity*), se decantaron ya hace años por admitir el resarcimiento de este tipo de daños si la conducta resulta particularmente ultrajante a juicio del jurado[74].

---

72 *Vid.* en *Resp. civ. prev.*, 2009, n.º 1, p. 38 y ss. Véase también la adaptación de los casos de daños entre cónyuges a estos principios en Cassano, G. (2008). *Danno non patrimoniale nel Diritto di famiglia dopo le Sezione Unite.* Maggioli. República de San Marino. Como precisa Facci, G. (2009). *I nuovi danni nella famiglia che cambia,* Nuovi percorsi di diritto di Famiglia, M. Sesta (dir.). IPSOA. Milano, p. 168 habrá que tener presente "il filtro selettivo della gravità della lesione e della serietà delle conseguenze".

73 Sobre la interpretación de la Corte de Casación italiana en los últimos años *vid.* Martín Azcano, E.M. (2022). "Hipótesis de daño no patrimonial derivado de la lesión de un interés constitucionalmente relevante en la jurisprudencia de la Corte di Cassazione". *Actualidad Jurídica Iberoamericana,* (16), junio, pp. 2448 y ss.

74 Esto es, como concreta Fayos Gardó, A. (2011). "Daños morales en las relaciones familiares: derecho de familia o de la responsabilidad civil. Una perspectiva española y norteamericana", *Actualidad Civil,* (14), p. 1564, de acuerdo con la sección 46 del *Second Restatement of Torts,* se debe de tratar de una conducta extrema o indignante que intencionadamente o por imprudencia causa un daño emocional grave al otro cónyuge.

V. EL DERECHO A LA REPARACIÓN POR LOS DAÑOS SUFRIDOS POR VIOLENCIA DE GÉNERO TRAS LA LO 10/2022, DE 6 DE SEPTIEMBRE, DE GARANTÍA INTEGRAL DE LA LIBERTAD SEXUAL

El derecho a la reparación por los daños sufridos por la violencia de género surge de la acción u omisión dolosa u ocasionalmente culposa realizada por el hombre, que produce un daño a un interés jurídicamente relevante de su pareja o expareja, a derechos fundamentales dotados de tutela constitucional, como son la vida, la integridad física y moral (art. 15 CE), la dignidad (art. 10.1 CE), la igualdad (art. 14 CE) y la libertad y seguridad (art. 17 CE).

La responsabilidad civil se constituye como remedio más habitual para compensar el daño sufrido por la víctima de violencia de género derivado de un delito[75]. Aunque bajo mi punto de vista, como he señalado en líneas anteriores, también podrían tener cabida acciones de reclamación de daños en el ámbito estrictamente civil, respecto de conductas machistas y vejatorias de un cónyuge o pareja hacia el otro que no sean constitutivas de delito[76] o que, si lo fueron, el delito ya haya

---

[75] Así, Álvarez Olalla, P. (2020). *Violencia de género…*, cit., p. 23, quien afirma expresamente que: "La responsabilidad civil, como remedio utilizado para compensar el daño sufrido por la víctima de la violencia de género, es una responsabilidad civil derivada de delito".

[76] Como defendí en mi trabajo "Resarcimiento y valoración del daño…", cit., pp. 363-378.

prescrito y con él la posibilidad de reclamar la responsabilidad civil conectada al mismo.

Los lazos familiares o sentimentales no pueden servir en estos casos como causa de inmunidad o antijuridicidad de acciones de las que surgiría la obligación de reparar si no existiera ese vínculo. Parece claro a este respecto que el trato vejatorio, reiterado y grave, que un cónyuge o conviviente tiene hacia el otro, en ningún caso se puede considerar lo que la doctrina de la imputación objetiva del daño ha venido en llamar un "riesgo general de la vida", un riesgo habitualmente ligado a la existencia natural del matrimonio o de la vida en pareja, que no debe generar ningún daño indemnizable[77].

1. "Reparar" e "indemnizar" en la violencia de género no son lo mismo

El Código penal, en sus arts. 109 a 122, regula la responsabilidad civil derivada de los delitos. En particular, el art. 110 CP establece que esta responsabilidad comprende: "1.º La restitución; 2.º La reparación del daño; 3.º La indemnización de perjuicios materiales y morales". La diferenciación que hace esta norma entre la "reparación del daño" y "la indemnización de perjuicios" ha sido una cuestión discutida por parte de la doctrina penalista. En un trabajo anterior mantuve que no había que darle mucha importancia a esta distinción, por cuanto el precepto tiene la intención de establecer el resarcimiento integral del daño causado por el delito (o la falta), compren-

---

[77] De acuerdo con la tradicional clasificación realizada en su día por Pantaleón, F. (1990). "Causalidad e imputación objetiva: criterios de imputación". *Centenario del Código Civil (1889-1989)*, t. II. CEURA. Madrid, p. 1591.

diendo cualquier partida del daño (daño emergente y lucro cesante), tanto el daño material como el moral[78].

Quizás esas palabras que en su momento mantuve, tengan que ser hoy repensadas atendiendo al tenor literal del nuevo art. 28 bis LOVG, relativo al *alcance y garantía del derecho a la reparación.* De acuerdo con dicho precepto: "Las víctimas de violencia de género tienen *derecho a la reparación,* lo que comprende la compensación económica por los daños y perjuicios derivados de la violencia (esto es, lo que entendemos por "indemnización de perjuicios materiales y morales"), las medidas necesarias para su completa recuperación física, psíquica y social, las acciones de reparación simbólica y las garantías de no repetición". El legislador parece que ha querido dejar claro (porque además lo vuelve a repetir innecesariamente en el art. 28 ter 1 LOVG), que indemnizar "no es sino una especie del género reparar"[79] y hay otras formas distintas de la reparación que no son el resarcimiento económico, donde tienen cabida también las acciones dirigidas a la recuperación física, psíquica y social de la víctima y a las garantías de no repetición (cuyos obligados serán la sociedad en su conjunto y el Estado, además del infractor), así como las acciones de reparación simbólica[80].

Cobra en este último aspecto sentido lo mantenido por un sector de la doctrina penalista, que considera que la responsabilidad civil derivada del delito tiene unas característi-

---

78 Múrtula Lafuente, V. (2000). "Comentario al artículo 110 del Código Penal". *Comentarios al Código Penal,* T. IV, M. Cobo del Rosal (dir.), EDERSA, Madrid, pp. 232-233.

79 Utilizando las palabras de Llamas Pombo, E. (2020). *Las formas de prevenir y reparar el daño.* Wolters Kluwer. Madrid, p. 215.

80 En esta dirección, por ejemplo, la STS, Sala 2.ª, de 30 de noviembre de 2016 (TOL5.903.740) concluyó que el pago de una indemnización económica por unos perjuicios derivados de la lesión a bienes jurídicos personales "aunque fuera íntegro, sólo en parte, podría compensar las consecuencias de la lesión del bien jurídico que se protege".

cas especiales que derivan de su naturaleza penal y la acercan a los fines de la pena[81]. El concepto de reparación del daño se concibe —de acuerdo con esta línea de pensamiento— de manera más amplia que la mera indemnización a la víctima, incluyendo comportamientos realizados por el autor del delito (como disculpas, muestras de arrepentimiento o una petición de perdón) encaminados a disminuir los efectos del mismo[82].

Bajo mi punto de vista, aunque la "reparación" de los daños pudiera considerarse en el ámbito penal un mecanismo de compensación económica de los efectos del delito, con todo, cuando hablamos de "indemnizar" el daño causado, este concepto no participa del fundamento y fin de la pena. La responsabilidad civil, entendida como indemnización por el daño causado, trata de reparar o indemnizar los perjuicios que con el delito se causaron, su función no es preventiva o

---

81 Así, entre otros, *vid.*, Hortal Ibarra, J.C. (2014). "La naturaleza jurídica de la responsabilidad civil *ex delicto*: o cómo «resolver» la cuadratura del círculo", *Indret,* (4), pp. 3 y ss., quien considera que el preceptivo ejercicio de la acción civil por parte del Ministerio Fiscal en el proceso penal (salvo renuncia o reserva de acciones por la víctima) "da cuenta del interés jurídico-público latente en la RC *ex delicto* como mecanismo de compensación jurídico-económica del ciudadano víctima de una infracción penal" (p. 25).

82 En este sentido *vid.* la STS, Sala 2.ª, de 14 de marzo de 2014 (TOL4.184.208), donde se afirma que: "Los parámetros exclusivamente pecuniarios no agotan todas las vertientes de la reparación. Puede tener otros componentes que la justicia restaurativa invita a redescubrir. En ocasiones la víctima necesita tanto o más que un resarcimiento económico una explicación, una petición de perdón, la percepción de que el victimario se ha hecho cargo del daño causado injustamente; la comprobación del esfuerzo reparador no seguido de logros efectivos pero movido por el sentimiento de que se debe reparar el mal infligido. Por eso han de mirarse con simpatía las normas penales de otros países (como Alemania o Portugal) que sitúan al mismo nivel que la reparación el sincero y real esfuerzo reparador".

sancionadora como puede ser la pena[83]. Las diferencias existentes entre ambas instituciones nos llevan a mantener que si bien en determinados casos, y por razones de política-criminal, la reparación del daño puede asumir una cierta relevancia en el cumplimiento de los fines de la pena, como ocurre con la atenuante de reparación del daño (art. 21.5 CP)[84], su consideración dentro del ámbito penal no podrá justificar una disminución de los efectos que resultan del mismo daño y de la obligación económica de repararlo por quien lo ha causado.

En suma, la indemnización recibida tiene una finalidad más bien compensatoria, no específicamente reparadora, por la especial naturaleza de los bienes y derechos lesionados. El objetivo último de la reparación es el restablecimiento de la dignidad de la víctima, y aquí entran en juego tanto la indemnización, como también la recuperación integral de la víctima y las garantías de no repetición de comportamientos machistas.

---

83 En este sentido también Quintero Olivares, G. / Tamarit Sumallla, J.M.ª (1996). "De la responsabilidad civil derivada de los delitos y faltas. Comentario a los artículos 109 a 115 del CP". *Comentarios al nuevo Código Penal,* Valle Muñiz (coord.), Pamplona, p. 553.

84 Esta atenuante se ha objetivado, sin exigir reconocimiento de culpa, aflicción o arrepentimiento. De acuerdo con la STS, Sala 2.ª, de 13 de enero de 2022 (TOL8.753.467): "El elemento sustancial de esta atenuante consiste en la reparación del daño causado por el delito o la disminución de sus efectos. Cualquier forma de reparación del daño o de disminución de sus efectos, sea por la vía de la restitución, de la indemnización de perjuicios, o incluso de la reparación del daño moral se puede integrar en las previsiones de la atenuante. Pero lo que resulta inequívoco es que el legislador requiere para minorar la pena el dato objetivo de que el penado haya procedido a reparar el daño o a disminuir los efectos del delito. El tiempo verbal que emplea el texto legal excluye toda promesa o garantía de hacerlo en el futuro. Tanto más cuanto que exige que, en todo caso, ello debe haber ocurrido con anterioridad a la celebración del juicio".

2. Las vicisitudes de la acción civil de reclamación de daños y perjuicios

Salvo que la víctima de violencia de género se haya reservado la acción civil para ejercitarla de forma separada en el correspondiente procedimiento civil (art. 111 LECrim.), corresponderá a los Juzgados de Violencia sobre la Mujer y a las Audiencias pronunciarse sobre la responsabilidad civil derivada de estos delitos (arts. 87 ter, 82.2.2.º LOPJ, 109.1 CP). Es lo que se conoce como competencia civil adhesiva del juez penal, que resulta del art. 112 LECrim. El conocimiento de la acción civil derivada del propio delito se convierte de esta forma en un verdadero ejercicio de jurisdicción civil, dentro del cauce y con las formas del proceso penal, si bien ambas acciones se encuentran unidas por su vinculación al mismo hecho enjuiciado.

Por lo que, si el juez penal resuelve sobre la acción civil derivada del delito, ésta queda agotada y no puede plantearse de nuevo en vía civil. El Ministerio Fiscal tiene obligación de entablar la acción civil junto a la penal, haya o no acusación particular en el proceso, salvo que los perjudicados renuncien expresamente a ella. De manera que, si ni los perjudicados ni el Ministerio Fiscal han solicitado la reparación del daño, el juez penal no podrá pronunciarse sobre la misma[85].

Cuando la sentencia penal es absolutoria, los jueces penales no se pronunciarán sobre la responsabilidad civil, salvo los supuestos a los que se refiere el art. 118 CP[86], si bien la víctima

---

85 Clemente Meoro, M.E. (2021). "Responsabilidad civil por ilícito civil y por ilícito penal y dualidad de jurisdicciones". *Derecho de daños*, Tomo I, M.E. Clemente Meoro y M.ª E. Cobas Cobiella (dirs.). Tirant lo Blanch. Valencia, pp. 107-108.

86 Se trataría de los casos de inimputabilidad del art. 20 CP números 1.º, 2.º, 3.º, 5.º y 6.º, esto es: cuando el autor tiene cualquier anomalía o alteración psíquica y no puede comprender la ilicitud

podrá ejercitar las correspondientes acciones civiles sobre la base de los hechos probados en el proceso penal[87]. Pero cuando estos no se declaran probados, la acción civil no podrá incoarse con éxito (como se desprende del art. 116 LECrim.). El plazo que tendrá la víctima para reclamar por la vía civil, si el procedimiento penal termina con sentencia absolutoria o sobreseimiento provisional o definitivo, será el de un año desde la resolución penal (*ex* arts. 1902 y 1968 CC) y el juez tendrá que aplicar las normas previstas en el Código civil o en otras leyes especiales.

Se ha de tener en cuenta también que la acción penal se extingue con la muerte del culpable y que, si bien la acción civil subsiste contra sus herederos y causahabientes, esta solo se podrá ejercitar ante la jurisdicción y por la vía civil, de conformidad con el art. 115 LECrim.

En el caso de que los perjudicados se reserven la acción civil para ejercitarla en un proceso posterior y la sentencia penal fuera condenatoria, la responsabilidad civil se resolverá por parte del juez civil conforme a lo previsto en los artículos 109 a 122 CP, por la remisión que hace a los mismos el art. 1092 CC,

---

del hecho; o al tiempo de la infracción penal se halla en estado de intoxicación plena o se halla bajo la influencia de un síndrome de abstinencia; el que tenga gravemente alterada la conciencia de la realidad; el que actúa en estado de necesidad o impulsado por miedo insuperable.

87 En el momento de la sentencia penal firme es cuando empezaría a contar el plazo de prescripción para el ejercicio de la acción civil. La STS, Sala 1.ª, 12 de diciembre de 2011 (TOL2.452.029) establece como *dies a quo,* el de la notificación de la sentencia o resolución penal. Nótese, por otro lado, que el número de sentencias condenatorias en procesos relativos a violencia de género aumenta año tras año. Así en 2022, de acuerdo con los datos publicados por el CGPJ, el porcentaje de sentencias condenatorias dictadas por los JVM, los Juzgados de lo penal y las AP se situó en el 77,45% del total.

y supletoriamente por lo dispuesto en el Código civil y en otras leyes especiales aplicables al caso. El TS ha considerado que en estos casos el plazo de prescripción de la acción civil se rige por el art. 1964.2 CC, por lo que sería ahora el de cinco años (antes quince) desde que se termina el proceso penal[88].

Si la mujer maltratada optara solo por el ejercicio de una acción civil de reclamación de daños (sin ir por la vía penal porque el delito ha prescrito), uno de los problemas que se plantean a la hora de reclamar los daños derivados de situaciones de violencia sobre la mujer es la brevedad de este plazo de prescripción de esta acción civil, pues es de un año "desde que lo supo el agraviado" (en nuestro caso agraviada), según el art. 1968.2 CC[89].

---

88 STS (Sala 1.ª Pleno) de 14 de enero de 2009 (TOL1.441.162) y STS, Sala 1.ª, de 23 de mayo de 2019 (TOL7.260.402). Así esta última sentencia afirma que: "el breve término prescriptivo anual (del art. 1968 CC) es de aplicación tan solo a las acciones que tienden a la exigencia de las obligaciones nacidas de culpa extracontractual "no penadas por la ley", pero no a las que nazcan de hechos revestidos de tipicidad penal, esto es, a las acciones tendentes a reclamar las responsabilidades civiles nacidas de delitos o faltas, de ilícitos penales a las que se refiere el art. 1.092 CC , por lo que no debe sin más aplicarse el art. 1.968. 2.° a cualquier reclamación que no tenga su origen en una previa relación contractual. Y en este sentido es doctrina reiterada de la Sala de tiempo atrás (SSTS de 21 de marzo de 1984; 1 de abril de 1990 ; 10 de mayo de 19903) que cuando la acción ejercitada tiene su origen en un delito o falta declarado por la jurisdicción penal, no es aplicable la prescripción corta del art. 1968. 2 CC , que solo se refiere a los supuestos de culpa extracontractual civil, sino que la acción *ex delicto* del art. 1902 CC está sometida al plazo de prescripción de 15 años, como supuesto general de prescripción de acciones personales establecido en el art. 1964 CC" (FJ 2.°) .

89 Cabe referenciar en este punto que, de acuerdo con un sector doctrinal que mantiene la naturaleza contractual de los deberes conyugales, sería de aplicación el plazo de prescripción de cinco años (antes quince) previsto en el art. 1964 CC, *vid.* en este sentido, Pérez Mayor, A. (2004). "Crisis matrimoniales e indemnización por daño moral".

La circunstancia de que las partes de la acción mantengan una relación de convivencia, lleva a pensar que este tipo de acciones normalmente se formularan una vez que haya cesado la misma, pues resulta difícil convivir con una persona a la que le reclamas unos daños por haber lesionado los bienes más preciados de tu personalidad, como consecuencia de acciones antijurídicas (injuriosas y/o vejatorias) repetidas en el tiempo. Será a partir de la cesación de la relación de convivencia, por tanto, cuando creemos que habría que empezar a computar el plazo de prescripción de un año previsto en el art. 1968. 2.º CC, pues es entonces cuando la mujer víctima de violencia goza de libertad para actuar y liberarse del círculo que supone la violencia ejercida por su maltratador o lo que se conoce en términos médicos como el síndrome de la mujer maltratada.

Teniendo presente la distinción que realiza el TS entre los daños continuados y duraderos o permanentes, cabe inferir que las acciones violentas proferidas por el hombre sobre la mujer encajarían mejor en los supuestos de *daños continuados*, por la repetición en el tiempo de la conducta antijurídica del causante del daño y porque no es hasta el momento en que la víctima sale de ese círculo de violencia, cuando realmente puede conocer la producción del resultado lesivo[90]. Por lo que

---

Revista Jurídica de Cataluña, (1), p. 168; y Llamas Pombo, E. (2007). "Divorcio y responsabilidad civil". *Revista de Responsabilidad civil y seguros,* (49), p. 4. Bajo nuestro punto de vista, sin embargo, estamos claramente ante acciones dolosas o culposas dirigidas a la mujer por parte de sus parejas que lesionan derechos fundamentales, como su integridad física y moral. De ahí que haya que reconducir la acción al ámbito de la responsabilidad extracontractual.

90 Cuando estamos ante daños continuados o de producción sucesiva, el *dies a quo* para el cómputo del plazo de prescripción de la acción no se inicia hasta que la víctima conoce la producción del definitivo resultado y mientras no desaparezca la causa determinante de dicho resultado antijurídico [SsTS, Sala 1.ª, de 30 de junio de 2009

creemos que resulta necesario mantener la suspensión de la prescripción de la acción durante el matrimonio o la situación de convivencia, pues mientras la víctima siga conviviendo con su agresor no es capaz de tomar conocimiento del daño sufrido y medir su transcendencia, por temor o simple esperanza de mantener una vida en común con la persona que lo causa[91].

(TOL1.570.770) y de 30 de noviembre de 2011 (TOL2.297.440)]; si bien matizado que esto es así "cuando no es posible fraccionar en etapas diferentes o hechos diferenciados la serie proseguida" de acciones que producen el daño [SSTS, Sala 1.ª, 24 de mayo de 1993 (TOL1.655.589), 5 de junio de 2003 (TOL276.088), 14 de marzo de 2007 (TOL1.059.041) y 20 de noviembre de 2007 (TOL1.213.832) entre otras]. En los casos de lesiones con secuelas, el cómputo del plazo de prescripción no se inicia con el alta médica, sino cuando se determina el alcance invalidante de las secuelas [STS, Sala 1.ª, de 22 de julio de 2008 (TOL1.353.184)].

El daño duradero o permanente "es aquel que se produce en un momento determinado por la conducta del demandado, pero persiste a lo largo del tiempo con la posibilidad, incluso, de agravarse por factores ya del todo ajenos a la acción u omisión del demandado" [SSTS, Sala 1.ª, 28 de octubre de 2009 (TOL1.641.341) y de 14 de julio de 2010 (ECLI:ES:TS:2010:4387)]. En este último caso, el plazo comenzaría a correr desde que el perjudicado "tuvo cabal conocimiento del mismo y pudo medir su transcendencia mediante un pronóstico razonable, porque de otro modo se daría la hipótesis de la absoluta imprescriptibilidad de la acción hasta la muerte del perjudicado, en el caso de daños personales, o la total pérdida de la cosa, en el caso de daños materiales, vulnerándose así la seguridad jurídica garantizada por el artículo 9.3 de la Constitución y fundamento, a su vez, de la prescripción" (STS, Sala 1.ª, de 14 de julio de 2010).

91 Esta interpretación se adecua a lo dispuesto en el art. 121-16 del Código Civil de Cataluña, donde se recoge expresamente que la prescripción de las acciones se suspende: "b) En las pretensiones entre cónyuges, mientras dura el matrimonio, hasta la separación judicial o de hecho; c) En las pretensiones entre los miembros de una pareja estable, mientras se mantiene la convivencia".

3. Sobre la renuncia a la acción civil de reclamar daños

La acción civil que se ejercita en el proceso penal se rige por los principios que inspiran el propio proceso civil de rogación o petición de parte o principio de justicia rogada, y el principio dispositivo para la parte, por lo que el juez queda vinculado por las peticiones indemnizatorias solicitadas por las acusaciones[92].

La personación de la víctima de violencia de género como acusación particular reclamando responsabilidad civil se produce generalmente en los casos más graves y sus peticiones suelen ser bastante moderadas[93]. Varias han sido las razones que se han señalado como justificativas tanto de la renuncia a las acciones para reclamar daños por parte de algunas víctimas, como de lo moderado de las cuantías que se solicitan.

Una de esas razones es que la víctima no quiere que el juez piense que existe una motivación económica en su denuncia y pase a segundo término el castigo del criminal[94]. También puede

---

En los Derechos próximos al nuestro ésta ha sido también la solución adoptada (como en el § 207 del BGB; art. 2253-2254 del *Code civil* francés; art. 2941 del Código civil italiano; art. 318 del CC de Portugal y art. 3:321 del CC holandés).

92 Vela Sánchez, A.J. (2014). *Violencia de género en la pareja y daño moral. Estudio doctrinal y jurisprudencial.* Comares. Granada, 2014, pp. 67-68.

93 Como indica Ibáñez Solaz, M. (2010). "La valoración de la responsabilidad civil en las víctimas de malos tratos". *Cuadernos Digitales de Formación*, vol. 53, CGPJ, Madrid, p. 37.
El momento para la renuncia será en el acto de recibir declaración por el juez a la víctima, cuando el secretario judicial le informará sobre el derecho que le asiste para mostrarse parte en el proceso y de renunciar o no a la reparación de daños y perjuicios causados por el hecho punible.

94 En este sentido, Martín María, B. (2007). "La identificación del daño…", cit., p. 327; e Ibáñez Solaz, M., *ibid. loc.cit.*

deberse a que, en la práctica y salvo que el delito sea grave, este tipo de asuntos se enjuician por los trámites del juicio rápido y solo el último episodio que llevó a la mujer a denunciar, lo que deja fuera de valoración las situaciones pasadas que deben de servir para la concreción y determinación de daño causado a la víctima[95].

Pero también se destaca la variedad de conceptos que se mezclan al fijar la responsabilidad civil y cuantificar las indemnizaciones (lesiones, secuelas, daños morales...), de tal manera que, si en las lesiones físicas se suele acudir al baremo aplicable a las víctimas de accidentes de circulación, el daño moral se reclama a tanto alzado sin fijar bases o criterios para su concreción[96]. Además, existe una tendencia a fijar como daños morales lo que en realidad son lesiones psíquicas con sustantividad propia e indemnizables como tales o viceversa, se indemnizan como lesiones psíquicas lo que son daños morales sobre todo en los casos de maltrato habitual[97].

Por lo general, la violencia de género que han sufrido las mujeres mayores se ha prolongado durante años, incluso décadas. Lo que implica un gran impacto en su salud física y psíquica, pero también en su integridad moral y en su dignidad. Sin embargo, como recoge el estudio realizado por la Cruz Roja, algunas de las mujeres mayores que han obtenido sentencias favorables a sus denuncias sobre malos tratos, no han recibido indemnizaciones o estas han sido mínimas. Y ello por cuanto gran parte de las secuelas que tienen son de décadas atrás y, al no haberse realizado un parte médico o una denuncia en su día, no han contado con pruebas para reclamar[98].

---

95 Martín María, B., *ibid. loc. cit.*

96 Ibáñez Solaz, M. (2010). “La valoración de la responsabilidad...”, cit., p. 4.

97 Álvarez Olalla, P. (2020). *Violencia de género...*, cit., p. 139.

98 Delegación del Gobierno para la Violencia de Género. (2017). *Estudio sobre las mujeres mayores...*, cit., p. 56.

La LO 10/2022 de 6 de septiembre de garantía integral de la libertad sexual, pretende minimizar los efectos de estas prácticas, en orden a que la víctima pueda ser resarcida de forma integral. Con este propósito, además de ampliar el ámbito de la reparación del daño (art. 28 bis LOVG), concreta las partidas del daño indemnizable (art. 28 ter 2 LOVG). Pero también modifica otros preceptos, como el art. 112 LECrim., estableciendo que: "aun cuando se hubiera previamente renunciado a la acción, si las consecuencias del delito son más graves de las que se preveían en el momento de la renuncia, o si la renuncia pudo estar condicionada por la relación de la víctima con alguna de las personas responsables del delito (haciendo con ello clara alusión a las víctimas de violencia de género), se podrá revocar la renuncia al ejercicio de la acción civil por resolución judicial, a solicitud de la persona dañada o perjudicada y oídas las partes, siempre y cuando se formule antes del trámite de calificación del delito".

En sintonía con este cambio legal, la STS, Sala 2.ª, n.º 926/2022, de 30 de noviembre (TOL9.314.289), sostiene que la renuncia a las acciones civiles es un acto de disposición de los derechos que competen al titular de la acción, exteriorizándose en una manifestación de voluntad que debe ser libre, clara, manifiesta e inequívoca, y de ningún modo puede parecer afectada por alguno de los vicios que anulan la voluntad realizada. En este caso el TS entendió que el consentimiento estaba viciado de nulidad por el estado psíquico de la víctima, de 18 años, que tenía una situación de dependencia emocional claramente dominada por la relación sentimental.

4. Violencia de género y mediación

La LOVG señala que no cabe mediación en los procesos tramitados ante los Juzgados de Violencia contra la Mujer (arts. 44.5 y 87 ter apdo. 5 LOPJ). Siguiendo con esta prohibición de mediación, la Ley 4/2015 del Estatuto de la víctima del delito reitera que la mediación está vedada en supuestos de violencia sexual y de género (art. 3.1). Por su parte, el Convenio para prevenir y combatir la violencia contra las mujeres y la violencia doméstica del Consejo de Europa de 2011, en su artículo 48, prevé que los Estados miembros deberán adoptar las medidas legislativas o necesarias para "prohibir los modos alternativos obligatorios de resolución de conflictos, incluidas la mediación y la conciliación, en lo que respecta a todas las formas de violencia incluidas en el ámbito de aplicación del presente Convenio". Por lo que a la vista de todo lo expuesto los daños sufridos por las mujeres víctimas de violencia de género deberán ser reclamados ante los tribunales.

El legislador al prohibir la mediación (tanto en el ámbito civil, como penal), entendió que en estos casos existe una situación de desequilibrio entre las partes, que impide garantizar un acuerdo y un clima de respeto mutuo. Por lo que los posibles acuerdos que se lograsen serían seguramente fruto de la voluntad unilateral del agresor, que seguiría teniendo sometida a la víctima[99]. Con todo, no han sido pocas las voces contrarias a esta exclusión, en la medida en que no todas las situaciones de violencia de género son iguales e inciden en la

99 En este sentido, Fuentes Soriano, O. (2017). "Sobre la mediación penal y su prohibición en violencia de género". *Estudios sobre mediación y arbitraje desde una perspectiva procesal*, R. Castillo Felipe y S. Tomás Tomás (coords.) y J. Sigüenza López y G. García-Rostán (dirs.). Thomson Reuters Aranzadi. Pamplona, pp. 273 y ss., quien se manifiesta contraria a la mediación en este ámbito, pues, además de ser incoherente con las medidas adoptadas en los últimos años en materia de violencia de género, enviaría equívocos mensajes a la sociedad sobre el entendimiento de este tipo de delitos y el interés del Estado en su persecución.

posición de desigualdad de las partes, ni todas las víctimas se hayan en la misma situación de dependencia de su agresor[100].

Las cifras que arrojan los informes del CGPJ sobre violencia de género nos hacen pensar que el proceso penal no es siempre la solución más adecuada al problema de la violencia entre las parejas, pues en muchos casos el proceso acaba en sentencia absolutoria o simplemente no hay denuncia por parte de la mujer maltratada, como ocurre en muchos casos de mujeres mayores[101]. Son también numerosos los supuestos en los que la víctima ha vuelto a sufrir agresiones por parte de personas que habían sido denunciadas y sobre las que pesaba una orden de alejamiento, lo que pone sobre la mesa una posible responsabilidad patrimonial de la Administración (de los arts. 139 y ss. LRJAP-PAC), por la prestación anormal de un servicio público por parte de las autoridades y órganos administrativos encargados de la protección de la víctima.

De ahí que existan reflexiones en el sentido de potenciar una línea de actuación distinta por parte del Estado, que no

---

100 En este sentido, entre otros, Martínez García, E. (2011). "Los procesos por violencia de género: cinco cuestiones procesales y una reflexión". *Mujer y Derecho. Jornada de Igualdad de la Facultad de Derecho. Universitat de València*, G. Fabregat Monfort (coord.). Tirant lo Blanch. Valencia, pp. 107-108; y Llorente Sánchez-Arjona, M. (2022). "Justicia restaurativa: el derecho a la reparación. Especial referencia a las víctimas de violencia de género", *La Ley* (6126), pp. 13 y ss.

101 El Observatorio contra la Violencia Doméstica y de Género del CGPJ, creado en el año 2001, tiene entre sus funciones elaborar una base de datos sobre denuncias presentadas en esta materia, muertes de mujeres a manos de sus maridos y otras variables de tratamiento judicial. *Vid.* estas estadísticas en: https://violenciagenero.igualdad.gob.es/violenciaEnCifras/home.htm. Recuperado el 14 de noviembre de 2023. Para valorar estas cifras, ha de partirse del hecho evidente de la dificultad que supone probar las situaciones conflictivas surgidas en el seno de un matrimonio o de una pareja.

priorice la intervención penal ni, por tanto, el deber de denunciar de las mujeres y también pretenda modificar la Ley integral contra la violencia de género, que prohíbe la mediación sin matices. Se trataría de buscar un difícil equilibrio entre el interés del Estado en proteger a la víctima de un delito de violencia de género y la tutela del interés de que las relaciones familiares o de afectividad se rijan de forma pacífica y en un plano de igualdad y de respeto mutuo a la dignidad y a la personalidad de la pareja (de acuerdo con lo que establecen los arts. 10, 14 y 15 de la CE).

Cuando hablamos de las mujeres mayores que han tenido que soportar en sus casas los actos de violencia por parte de sus maridos o parejas durante años, su capacidad para defender sus intereses y necesidades resulta más vulnerable que el resto. La situación sistemática de dominación machista y la dependencia emocional que tienen respecto de su agresor, limita su autonomía de la voluntad. Por lo que entiendo que la mediación, que es a lo que en estos momentos nos estamos refiriendo, no sería una buena forma para resolver el conflicto.

De hecho, la Directiva 2012/29/UE del Parlamento Europeo y del Consejo, de 25 de octubre de 2012, por la que se establecen normas mínimas sobre los derechos, apoyo y protección de las víctimas de delitos, prevé que a la hora de remitir un asunto a los servicios de justicia reparadora o de llevar a cabo un proceso de justicia reparadora, como es la mediación, se han de tomar en consideración "factores tales como la naturaleza y gravedad del delito, el grado de daño causado, *la violación repetida de la integridad física, sexual o psicológica de una víctima,* los desequilibrios de poder y *la edad,* madurez o capacidad intelectual de la víctima, que podrían limitar o reducir su capacidad para realizar una elección con conocimiento de causa o podrían ocasionarle un perjuicio" (la cursiva es propia de la autora en orden a reforzar el planteamiento del párrafo anterior).

5. Las nuevas partidas del daño indemnizable *ex* art. 28 ter LOVG

La reparación a la víctima del daño causado por los delitos de violencia de género se ha venido solventando hasta ahora por nuestros tribunales, mediante la aplicación de las normas de responsabilidad civil recogidas en el Código Penal (arts. 109 a 126). Incluso si la víctima hubiera hecho reserva de acciones civiles, el art. 1092 CC remite al juez civil a las disposiciones civiles del Código Penal, en el caso de que hubiera habido delito. Tanto los jueces civiles como los penales, a la hora de fijar las cuantías indemnizatorias que reconozcan en sus sentencias, deben precisar al menos las bases en las que se fundamentan (arts. 115 LECrim. y 219 LEC).

Por lo general, los daños que se pueden producir con ocasión de un delito o evento dañoso se clasifican en patrimoniales y no patrimoniales. La nota típica distintiva entre ambos es que los primeros son susceptibles de ser resarcidos con dinero por medio de una apreciación objetiva y acreditable (gastos médicos, pérdidas monetarias, disminución del patrimonio...), y dentro de esta categoría se comprenderían a su vez el daño emergente y lucro cesante (art. 1106 CC). En cambio, los daños no patrimoniales se refieren a perjuicios de naturaleza no económica que el perjudicado puede sufrir, lo que incluiría los daños propiamente morales (dolor, sufrimiento emocional, estrés, angustia, etc.), pero también daños a su propia dignidad personal. La valoración de los daños no patrimoniales es más subjetiva y complicada que los patrimoniales, como es obvio.

Las sentencias penales no parece que hayan vertebrado adecuadamente todos estos conceptos indemnizatorios. Es más, ha habido una infra-indemnización generalizada cuando se trata de reparar el daño sufrido por la víctima de violencia de género, respecto de las indemnizaciones concedidas en otros supuestos donde se ha apreciado la existencia de daño moral mucho menos atentatorios a la dignidad de las personas[102].

Entre las causas de las escasas cuantías indemnizatorias en los casos de violencia de género se encuentra[103], por un lado, que las propias víctimas no solicitan muchas veces indemnización, buscando el castigo penal del maltratador —como señalábamos en anteriores líneas—. Y, cuando la solicitan, los tribunales se acogen a los criterios objetivos señalados en el baremo de tráfico, sin diseccionar los concretos conceptos de la indemnización[104]. Cuando se apartan de la cuantía que resulta del baremo, es porque han apreciado otros factores de carácter objetivo (como la concurrencia de otros delitos), que consideran que agravan el daño psíquico, como por ejemplo el delito de violación[105] o el intento de homicidio de la víctima de malos tratos[106]. De tal manera que la Sala de lo Penal del TS, en muchas ocasiones, embebe la indemnización del daño dentro del tipo penal, estableciendo una correspondencia en-

---

102 Como aprecia Álvarez Olalla, P. (2023). "Perspectiva de género…", cit., p. 380; Id. (2020). *Violencia de género…*, cit., p. 123.

103 Según señalé en mi trabajo Múrtula Lafuente, V. (2012). "Resarcimiento y valoración del daño…", cit., p. 361.

104 Así resulta, entre otras, de la STS, Sala 2.ª, de 22 de septiembre de 2009 (TOL1.627.868), donde la AP fijó una indemnización por sufrimientos, secuelas y daños morales de 450 euros, teniendo en cuenta, según consta en el FJ 8.º, la naturaleza de los hechos (insultos y agresiones físicas) y las condiciones personales y patrimoniales del culpable. El TS consideró que la Audiencia no había tenido en cuenta, como secuela de las agresiones y de la situación vivida por la víctima, la distimia ansioso-depresiva apreciada como tal en el informe forense, por la que debía de ser indemnizada en la cantidad de 3.953,55 euros (cantidad que resulta de la aplicación del baremo para el síndrome depresivo aplicando el corrector de 5 puntos).

105 AATS, Sala 2.ª, 19 de enero de 2006 (TOL866.159); de 10 de enero de 2008 (TOL4.967.601).

106 STS, Sala 2.ª, de 31 de enero de 2008 (TOL1.294.026).

tre la lesión del bien jurídico protegido por la norma penal y la indemnización que tiene derecho la víctima por el perjuicio causado por la acción típica, sin mayores consideraciones al daño moral realmente sufrido por esta o a la lesión a su dignidad personal[107].

Esta tendencia jurisprudencial va en contra de la propia dignidad de la mujer maltratada, pues, en palabras de Pilar Álvarez Olalla, "(l)a correcta indemnización de la víctima propicia que el agresor tome conciencia de que no solo ha ofendido a la sociedad con su conducta. Le obliga a enfrentarse al reconocimiento de la dignidad de la víctima. Si negamos una indemnización proporcionada al daño moral, estamos enviando un mensaje al agresor de que, en efecto, la integridad moral de la mujer, su libertad y su dignidad no tienen valor alguno"[108].

La LO 10/2022 puede servir de ayuda a este respecto, en la medida en que incorpora el art. 28 ter.2 en la LOVG, donde se concretan las partidas del daño indemnizable en casos de violencia de género, introduciendo de forma expresa dos principios esenciales en el ámbito de la responsabilidad

---

107 Un ejemplo de lo que queremos decir se encuentra en la STS, Sala 2.ª, de 26 de enero de 2007 (TOL1.038.357), donde el TS casa y anula parcialmente la sentencia de la AP de Jaén, absolviendo al acusado de los dos delitos de agresión sexual y de falta de injurias hacia su esposa (de la que estaba separado), de los que había sido condenado por la Audiencia, manteniendo el delito de malos tratos habituales. Estima, por ello el Alto Tribunal necesario reducir la indemnización concedida en la instancia (6.000 euros) en cuanto éstas "dependen del prudente arbitrio judicial, en atención a la gravedad, circunstancias y consecuencias del daño moral sufrido". Como no se ha podido probar las agresiones sexuales, porque sólo se contaba con la declaración de la víctima como única prueba incriminatorias, reduce la indemnización a 2.000 euros.

108 Álvarez Olalla, P. (2020). *Violencia de género…*, cit., p 128.

civil[109]. Uno es el principio de reparación integral del daño y el otro el principio de vertebración, al que se refiere el art. 33.4 TRLRCSCVM, al establecer que se deben valorar "por separado los daños patrimoniales y los no patrimoniales y, dentro de unos y otros, los diversos conceptos perjudiciales".

Así, el art. 28 bis LOVG recoge el derecho de las víctimas de violencia de género a ser reparadas, lo que comprende no solo una indemnización por los daños sufridos [que se concretan en el art. 28 ter.2 y que "será satisfecha por la o las personas civil o penalmente responsables, de acuerdo con la normativa vigente" (art. 28 ter 3)], sino también la adopción de medidas necesarias para su completa recuperación física, psíquica y social, así como acciones de reparación simbólica y garantías de que estas acciones no se vuelvan a repetir (lo que corresponderá a la sociedad y a la administración, además de al maltratador). Con ello se viene a recoger la idea de que la reparación del daño no es solo "indemnización" y que la víctima muchas veces necesita una actuación de la sociedad y del Estado, así como una petición de perdón y arrepentimiento del agresor.

En cuanto a las partidas de los daños y perjuicios indemnizables a los que tendría derecho la víctima de violencia de género, el art. 28 ter 2 LOVG dice que estas consistirán en *"los siguientes conceptos: a) El daño físico y psicológico, incluido el daño moral y el daño a la dignidad. b) La pérdida de oportunidades, incluidas las oportunidades de educación, empleo y prestaciones sociales. c) Los daños materiales y la pérdida de ingresos, incluido el lucro cesante. d) El daño social, entendido como el daño al proyecto de vida. e) El*

109 Se da también así cumplimiento a lo previsto en el Pacto de Estado en materia de violencia de género que en su medida 172 — que recordemos— proponía expresamente el establecimiento de: "Criterios para fijar las indemnizaciones. Fijar en la Ley una mejora concreta y suficiente de los parámetros del quantum indemnizatorio a las víctimas de violencia de género".

tratamiento terapéutico, social y de salud sexual y reproductiva. 3. La indemnización será satisfecha por la o las personas civil o penalmente responsables, de acuerdo con la normativa vigente"[110].

Por tanto, cabe pensar que la voluntad del legislador ha sido clara en el sentido de que se deben ejercitar acciones civiles de reclamación de daños y cuando estas se entablen, tanto en la jurisdicción civil como en el ámbito penal, el juez deberá tener en cuenta todos estos conceptos[111]. Dando con ello cumplimiento a lo establecido en el art. 30.1.º del Convenio de Estambul, donde se prevé que los Estados parte tomen "las medidas legislativas u otras necesarias para que las víctimas tengan derecho a solicitar una indemnización por parte de los autores de todo delito previsto en el presente Convenio".

De ahí que resulte de especial interés concretar estas nuevas partidas expresamente contempladas en la Ley, en orden a resarcir el bien jurídico lesionado, por acciones u omisiones

110 Obsérvese que, en el Proyecto de Ley, este artículo era el art. 52 y no se admitió ninguna de las enmiendas para su modificación. Incluida la del PP que proponía su supresión de acuerdo con el Informe del Consejo de Estado. De manera que el art. citado salió con la misma redacción con la que entró en el Congreso de los Diputados (BOCG, Serie A, 26 de julio de 2021).

111 Respecto al efecto que puede producir la consignación de las cantidades en la correspondiente pieza de responsabilidad civil, la jurisprudencia de la Sala 2.ª no ha estado exenta de oscilaciones a la hora de sentar un criterio acerca de la eficacia de la prestación de fianza en dicha pieza de responsabilidad civil en orden a considerarla como una atenuante de la pena (art. 21.5 CP), como reconoce la STS, Sala 2.ª, de 21 de junio de 2021 (TOL8.511.512). En esta sentencia, seguida por otras posteriores, como la STS, Sala 2.ª, de 31 de mayo de 2023 (TOL9.595.381) y la de 1 de marzo de 2023 (TOL9.549.209), se concluye que la mera consignación en la pieza de responsabilidad civil, exenta de cualquier acto de ofrecimiento a la víctima que pueda ser revelador de la intención reparadora, no es suficiente para sustentar la atenuante reclamada.

que afectan a derechos fundamentales de la mujer que ha sufrido durante buena parte de su vida actos de violencia y malos tratos[112]. Y que, aunque las *Conclusiones del XVII Seminario de Fiscales Delegados en Violencia sobre la Mujer*, afirmen que constituyen un "catálogo abierto y ejemplificativo que no impide que se tengan en cuenta otros factores o circunstancias, ya sean derivados de la naturaleza del hecho o de las circunstancias personales concurrentes en las víctimas"[113]; bien aplicadas e interpretadas, estas partidas podrán hacer más efectivo el principio de integridad de la reparación del daño.

5.1. El daño moral y el daño a la dignidad

Dentro de los daños no patrimoniales, en los casos derivados de situaciones de violencia de género, nuestros tribunales han incluido en las cuantías indemnizatorias (muchas veces ridículas), tanto los daños psíquicos propiamente dichos (esto es, trastornos mentales evaluables científicamente), como los daños morales, sin hacer una diferenciación clara entre ambos.

---

112 Antes de la aprobación definitiva de la LOVG, Magro Servet, V. (2004). "La violencia económica en la violencia doméstica y de género ¿hacia un baremo indemnizatorio para las víctimas?", *La Ley*, (D-210), p. 1974 y ss. se había manifestado, en pro de la seguridad jurídica y de una unificación de criterios jurisprudenciales, a favor de la introducción en la mencionada Ley Orgánica de un baremo (tasado y vinculante) de indemnizaciones en los delitos y faltas contra las víctimas de violencia doméstica y de género, al modo del baremo existente para los accidentes de tráfico. Más recientemente, Álvarez Suárez, L. (2020). "El resarcimiento del daño moral a las víctimas de delitos de violencia de género en el ordenamiento jurídico español". *Revista de Ciencias Sociales: Facultad de Derecho,* (77), p. 76, se pronuncia en el mismo sentido.

113 Fiscalía General del Estado (2022). *Conclusiones del XVII Seminario...*, cit., p. 41.

El legislador, en el art. 28 ter 2 a) LOVG, se ha hecho eco de la necesidad de diferenciar entre la integridad física y la integridad moral (art. 15 CE) y la dignidad de las personas (art. 10 CE), matizando que habrán de incluirse, además del daño físico y psicológico, "el daño moral y el daño a la dignidad". Y ello en la medida en que la integridad física y psíquica, corresponde a la salud en general; mientras que vincular el daño a la integridad moral y a la dignidad de la persona supone hacerlo a la inviolabilidad de esta y a la prohibición de soportar comportamientos de humillación y degradación, con los que se niega su condición de persona, lo que puede dar lugar a otros daños distintos de los puramente físicos o psicológicos[114].

Por lo tanto, si la conducta lesiva ha afectado a derechos constitucionales protegidos, como son la dignidad de las personas (art. 10 CE) y/o su integridad moral (art. 15 CE) y ha producido un desequilibrio anímico en la víctima distinto de lo que es una enfermedad psíquica, también deberá ser indemnizado conforme al art. 28 ter LOVG.

5.1.1. Análisis de la jurisprudencia penal

Para entender el alcance de la modificación legal producida hay que partir de la práctica de los tribunales hasta este momento. En ella se ha solido tomar como criterio orientativo para la cuantificación de los daños físicos producidos por la violencia de género el baremo incluido en el TRLRCSCVM (reformado por la Ley 35/2015, de 22 de septiembre y más recientemen-

---

114 Como señala Álvarez Olalla, P. (2020). *Violencia de género...*, cit., p. 127-128: "cualquier daño generado en el ámbito de la violencia de género, debería ser compensado con una indemnización mayor, comprensiva, no solo de las lesiones corporales o psíquicas, conforme a baremo, sino también y de forma diferenciada, del daño moral añadido por la especial lesividad de las conductas de género".

te por el Real Decreto 907/2022, de 25 de octubre)[115]. En el baremo, el daño moral indirecto derivado del daño corporal queda embebido en este último (art. 33.3. TRLRCSVM), por lo que no cubre el resarcimiento de daños morales derivados de daños personales extracorpóreos[116].

Aunque nos hallamos ante criterios meramente orientativos a los que puede recurrir el Tribunal y, por tanto, no vinculantes, los criterios del baremo se han tenido en cuenta y solo se han visto incrementados en los casos de infracciones penales intencionadas (aumentando sus cuantías entre un 10 y un 30%), según ha declarado el propio TS[117]. Entre otras razones, porque la propia Ley excluye el uso del baremo en los delitos dolosos (art. 1.6 TRLRCSCVM).

En la medida en que el juez no es un especialista en la materia cuando hablamos de *menoscabo psíquico*, este se debe de probar por prueba pericial de parte (relativa a un examen clínico profundo de la víctima) y/o por médico forense[118].

---

115 En las *Conclusiones del XVII Seminario de Fiscales Delegados en Violencia sobre la Mujer*, celebrado los días 28 y 29 de noviembre de 2022 en Madrid, 29, se recomienda a los fiscales de violencia sobre la mujer que las peticiones indemnizatorias no sean inferiores al 50% más de las que resulten de la aplicación del baremo para los accidentes de circulación, en los casos de feminicidio y otros hechos graves.

116 Medina Crespo, M. (2016). "Indemnización separada y compatible por daños morales corporales y por daños extracorpóreos. Comentario a la STS (Sala 1.ª) de 8 de abril de 2016". *Revista de la Asociación Española de Abogados Especializados en Responsabilidad civil y Seguro*, (58), p. 10.

117 SSTS, Sala 2.ª, 22 de septiembre de 2009 (TOL1.627.868); 19 de julio de 2011 (TOL2.198.783) y 24 de mayo de 2018 (TOL6.630.740).

118 Sobre la prueba pericial en los asuntos referidos a la violencia sobre las mujeres, *vid.* Asensi Pérez, L.F. (2008). "La prueba pericial psicológica en asuntos de violencia de género". *Revista Internauta de Práctica Jurídica*, (21), pp. 15-19.

A este respecto cabe señalar que es doctrina jurisprudencial pacífica que los informes periciales pueden ser emitidos por un solo perito sin que se incurra en ese caso en causa de nulidad, pues la duplicidad de los informes no es esencial cuando existen otros elementos probatorios como el testimonio de la víctima[119]. El juez o la contraparte pueden solicitar la intervención de los peritos en el juicio o en la vista, a efectos de permitir hacerles las preguntas oportunas sobre el informe realizado (arts. 347.2 LEC y 483, 724 y 784.2 LECrim)[120].

El estrés postraumático es la típica lesión que se deriva de la violencia psíquica y forma parte de ese conjunto de enfermedades que produce el síndrome de la mujer maltratada[121].

---

119 STS, Sala 2.ª de 12 de mayo de 2009 (TOL1.564.629).
Los requisitos que han de darse para entender causada una lesión psíquica, siguiendo a la jurisprudencia de la Sala 2.ª del TS serían los siguientes: 1.- comportamiento idóneo para causar una lesión de esta naturaleza; 2.- producción objetiva de la misma; 3.- necesidad de tratamiento; 4.- intencionalidad del sujeto.

120 No obstante, señala la STS, Sala 2.ª, de 23 de octubre de 2000 (TOL8.904) que cuando: "la parte acusada no expresa en su escrito de calificación provisional su oposición o discrepancia con el dictamen pericial practicado, ni solicita ampliación o aclaración alguna de éste, debe entenderse que dicho informe oficial adquiere el carácter de prueba preconstituida, aceptada y consentida como tal de forma implícita. Este criterio ha sido avalado por el Tribunal Constitucional (STC de 5 de julio de 1990 y 11 de febrero de 1991), al declarar la validez como elemento probatorio de los informes practicados en la fase previa al juicio basados en conocimientos especializados y que aparezcan documentados en las actuaciones que permitan su valoración y contradicción, sin que sea necesaria la presencia de sus emisores".

121 El propio TS, Sala 2.ª, en su sentencia de 12 de mayo de 2009 (TOL1.564.629), citando jurisprudencia anterior, cuando se plantea la posibilidad de una subsunción autónoma en el delito de lesiones del estrés postraumático sufrido por la mujer víctima de maltrato, afirma que: "el legislador, aunque no haya exigido nin-

Lo padecen, según los estudios, entre el 60-70% de las mujeres maltratadas y aparece en muchos de los informes periciales realizados sobre estas víctimas. Este trastorno está reconocido dentro de los trastornos de traumas y factores de estrés en la clasificación de enfermedades (DSM-V) realizada por la Asociación Americana de Psiquiátrica (APA). Hasta hace relativamente poco tiempo, las indemnizaciones por responsabilidad civil concedidas por la Sala 2.ª del TS para estos casos eran una simple aplicación del baremo para el síndrome depresivo, al que se le aplica el corrector de entre 5 a 10 puntos según la gravedad de los hechos.

En las mujeres mayores, el impacto de la violencia en la salud psicológica y emocional se intensifica, algo que se vincula con la repetición de esta violencia a lo largo de muchos años, como hemos tenido ocasión de comprobar. Sin embargo, de acuerdo con el art. 105 TRLRCSVM para la valoración de los daños morales complementarios por perjuicio psíquico, sensorial u orgánico, como sería el estrés postraumático, la edad del lesionado ha de tenerse en cuenta por el juez, en el sentido de que se incrementará la indemnización en proporción inversa respecto de la edad de la víctima: a mayor edad, menor indemnización[122]. Lo cual hace de peor condición a la mujer mayor víctima de violencia de género cuando hablamos de estos daños por menoscabo psíquico.

---

guna consecuencia psíquica de la víctima en el tipo del delito (de agresión sexual) ha considerado que por regla general la comisión del delito las producirá". De manera que las consecuencias de estas situaciones, tienen una traducción específica en la responsabilidad civil, que el TS valora en el caso de autos en 12.000 euros, incrementando la suma concedida en la instancia.

122 García-Chamón Cervera, E. (2020). *Guía práctica del baremo. Valoración del daño corporal.* Iuris Utilitas SC. A Coruña, p. 211.

Con todo, para apreciar los daños morales la jurisprudencia penal ha considerado que no es necesaria la concurrencia de daños psíquicos, cuando de la propia naturaleza de los hechos cabe entender que estos se han producido, aplicando la doctrina de la *in re ipsa loquitur*. Así, por ejemplo, la STS, Sala 2.ª, de 14 de diciembre de 2011 (TOL2.471.756), siguiendo el criterio de la instancia, afirma que, cuando "la propia naturaleza de los hechos tiene la suficiente entidad como para deducir que actos de esas características producen un impacto psicológico sin necesidad de mayores aditamentos o complementos probatorios, … (no es) preciso que los daños morales se concreten en alteraciones psicológicas para ser indemnizados"[123]. Considerando también que la apreciación del daño moral "no exige una constancia en los hechos probados, en cuanto de ellos fluye con naturalidad el impacto en la esfera personal que se pretende reparar" [STS, Sala 2.ª, 10 de septiembre de 2020 (TOL8.080.196)].

La casuística judicial ha tenido asimismo en cuenta la gravedad de los hechos y la relevancia o repulsa social que estos merecen, como los factores determinantes a la hora de fijar la indemnización por el daño moral[124].

---

123 Criterio seguido con anterioridad a ella por la STS, Sala 2.ª, de 27 de enero de 2001 (TOL4.926.338), y con posterioridad por la STS, Sala 2.ª, de 28 de abril de 2021 (TOL8.422.866, 2298).

124 Como señaló en su día Gómez Pomar, F. (2000). "Daño moral", *InDret*, (1), p. 10, cuando intentaba encontrar una explicación a la jurisprudencia de la Sala 2.ª del TS sobre la indemnización del daño moral en los delitos sexuales. El citado autor concluye su estudio afirmando que "de(l) cálculo de las indemnizaciones concedidas por el Tribunal Supremo en estas constelaciones de casos, no hay nada absolutamente nada que permita inferir que los magistrados ponentes han tratado de averiguar cuál fue el daño moral efectivo, es decir, la concreta disminución de utilidad no reemplazable en dinero sufrida por la víctima. Tal aproximación sería siempre ardua y su resultado, inevitable y necesariamente imperfecto. Pero ni una cosa ni la otra

Hasta hace unos años las indemnizaciones por daño moral eran bastante moderadas en los delitos de violencia contra la mujer, produciéndose una "infra-indemnización generalizada" del daño moral (en palabras de P. Álvarez Olalla) —como hemos dejado de manifiesto en apartados anteriores—. Desde hace unos años podemos apreciar un cambio de tendencia, donde las indemnizaciones están siendo más generosas cuando se trata de daños morales.

A modo de ejemplo, en la STS, Sala 2.ª, de 17 de noviembre de 2015 (TOL5.602.487) la Audiencia condenó al acusado a indemnizar a la víctima de maltrato habitual, a la que había disparado poniendo en riesgo su vida, a la cantidad de 50.000 euros por daños morales. En la más reciente STS, Sala 2.ª, de 30 de junio de 2021 (TOL8.505.220), en concepto de responsabilidad civil respecto de un delito de malos tratos habituales (art. 173.2 CP) y lesiones (art. 149.1 CP) con la concurrencia de agravante por razón de género (art. 22.4 CP) y la mixta de parentesco, con lesiones importantes en el cuello (disección de la carótida que provocó un ictus), el Supremo no casó la sentencia de la AP que había condenado al maltratador a pagar a su mujer en concepto de responsabilidad civil la cantidad de 31.000 euros por los días empleados en sanar y 870.000 euros por el daño moral, secuelas y daño emergente, y a sus hijos 100.000 euros por el daño moral[125].

---

justifican la preterición de aquellos datos de la realidad que permitirían acercarse, aunque fuera de modo impreciso, a una valoración aproximada del daño moral efectivamente producido".

125 Otro ejemplo lo encontramos en la STS, Sala 2.ª, de 12 de mayo de 2009 (TOL1.564.629), donde la víctima había sufrido por parte de su pareja episodios de moderada violencia (empujones, zarandeos, tirones de pelo), acompañados de amenazas para someterla a su voluntad (acusándola de infidelidad, quitándole el móvil…) y forzándola a mantener relaciones sexuales no queridas. Lo que provoca a juicio del TS una serie de episodios que degradan a la mujer

De la casuística jurisprudencial penal se desprende, por tanto, que en las sentencias se suele identificar el daño moral con el daño a la dignidad, y aquel en muchas ocasiones a su vez con el daño psíquico, y todos ellos se engloban dentro de la suma finalmente concedida como "responsabilidad civil" derivada del delito concreto, sin mayores especificaciones.

5.1.2. Criterios para la valoración del daño moral y el daño a la dignidad

La doctrina civilista española es partidaria de la indemnización del daño moral distinto del puro daño psicológico, pues parte de la importancia de los derechos de la personalidad y de su valor para la persona, de tal forma que su lesión debe ser objeto de compensación[126]. El daño moral cumple una función esencialmente compensatoria, pues se entiende que la lesión o perjuicio que ha sufrido el perjudicado no se puede reparar, pero sí mitigar a través de una compensación económica[127].

Incluso, se ha señalado con buen criterio que, en los casos de violencia de género, habría que mantener un concepto de daño moral más amplio que el simple *pretium doloris*, entendido como lesión a bienes y derechos de la personalidad de la mujer, como su dignidad, su libertad, integridad moral y su derecho a la paz familiar como manifestación de la protección a la familia[128].

---

y niegan su dignidad, que deben ser objeto de indemnización *per se* por daño moral (que valora la Sala en 12.000 euros).

126 En este sentido, entre otros, Martín-Casals, M. / Solé Feliú, J. (2003). "El Daño moral". *Derecho Privado Europeo*, S. Cámara (coord.). Colex. Madrid, pp. 857 y ss.; Barrientos Zamorano, M. (2007). *El resarcimiento por daño moral en España y Europa*. Ratio Legis. Salamanca, p. 59-64.

127 Díez-Picazo, L. (2008). *El escándalo del daño moral*. Thomson-Civitas. Cizur Menor (Navarra), pp. 96-97.

128 Así, Bonilla Correa, J.A. (2012). "La responsabilidad civil en los delitos de violencia de género". *Responsabilidad civil en el ámbito de las relaciones familiares*, J.R. de Verda y Beamonte (coord.). Aranzadi.

La verdadera dificultad del *daño moral* estriba sobre todo en su cuantificación, pues faltan parámetros concretos para valorar el alcance del daño moral y su traducción económica. Lo que se complica, por un lado, con el hecho de que el órgano judicial debe atender a la hora de su determinación a "todas las circunstancias del caso", incluida la condición de la persona, tanto en el plano físico, como en el psicológico, contemplando cualquier circunstancia concreta que revele una mayor debilidad de la víctima, lo que en el caso de la violencia de género en las mujeres de mayor edad complica más si cabe la valoración de este tipo de daños. Y, por otro lado, nos encontramos con la jurisprudencia del TS, que viene considerando que la valoración y determinación de los daños indemnizables es una *quaestio facti*, no revisable en casación, salvo en los casos en los que se ponga en discusión las bases o los diferentes conceptos en que se apoya la fijación de la cuantía respectiva[129].

Evidentemente todo ello dificulta una cierta uniformidad en la materia, atendiendo a la naturaleza no patrimonial de los bienes jurídicos lesionados. Ahora bien, como afirma la STS, Sala 2.ª, de 14 de marzo de 2012 (TOL2.498.294): "la dificultad no puede traducirse en imposibilidad. El daño moral constituye un interés digno de la mayor protección aun cuando en este caso, la función

---

Cizur Menor (Navarra), pp. 191 y 208; Álvarez Olalla, P. (2020). *Violencia de género...*, cit., p. 138; y Múrtula Lafuente, V. (2012). "Resarcimiento y valoración...", cit., p. 373, donde señalo, además, que las indemnizaciones por acoso laboral o *mobbing* concedidas por el TS suelen ser más cuantiosas que las que se otorgan a las víctimas de malos tratos, sin que aparentemente los daños morales sean diferentes o causados por acciones más graves.

129 SSTS, Sala 2.ª, de 26 de enero de 2007 (TOL1.038.357) y 12 de marzo de 2009 (TOL1.499.137), entre otras. *Vid.* aquí Vela Sánchez, A.J. (2022). *Las consecuencias civiles de la violencia de género. Estudio doctrinal y jurisprudencial.* Bosch. Barcelona, pp. 184-185, recogiendo una buena base jurisprudencial al respecto en el ámbito de la violencia de género.

no sea restitutoria, estricto sensu, sino simplemente compensatoria de un sufrimiento y secuelas en sí mismo irresarcibles".

Para la valoración de los daños sufridos por la víctima de violencia de género resultan determinantes los informes periciales, especialmente en orden a la acreditación del daño moral y psíquico, y ahora también pueden ayudar para delimitar el daño a la dignidad y el daño social, como nuevas partidas del daño atendiendo a lo dispuesto en el art. 28 ter 2 a) LOVG.

En los procedimientos de violencia contra la mujer, la LOVG (DA 2.ª) ha previsto la creación de las Unidades de Valoración Forense Integral (UVFI), que se encuentran adscritas en cada Instituto de Medicina Legal y están compuestas al menos de un médico forense, un psicólogo y un trabajador social. Estas unidades elaboran un estudio integral de la violencia sobre la mujer, no sólo desde el punto de vista clínico, determinando el alcance de las lesiones y su valoración, sino también sobre sus orígenes y consecuencias concretas. Lo que resulta fundamental para la calificación penal del hecho, así como para la cuantificación del daño indemnizable[130]. Su función consiste en realizar los informes, tanto sobre la víctima (valoran el resultado y las consecuencias de la violencia que ha ejercido el agresor sobre la mujer, desde un punto de vista físico, psíquico y social), el agresor (riesgo o peligrosidad que presente) y los hijos, que el Juez de Violencia sobre la Mujer tomará como base para su decisión.

---

130 Cuando se produce una contradicción entre las declaraciones realizadas y los informes periciales son negativos sobre signos de violencia o lesiones, o poco concluyentes, y se tienen dudas, por tanto, sobre la veracidad de los testimonios de las partes implicadas, puede solicitarse la prueba de la exploración destinada a detectar la psicopatología del testimonio, por si estuviera viciado o falseado [como indican García-Blázquez Pérez, M. / García-Blázquez Pérez, C.M. (2011). *Nuevo Manual de Valoración y baremación del daño corporal.* Comares. Granada, p. 306].

El juzgador podría tener en cuenta *para valorar el daño moral* estos informes (cuando puedan ser recabados) y otras pruebas periciales o testimoniales que se hayan podido aportar en el proceso, en orden a valorar el sufrimiento provocado en la mujer por ver que quien es su pareja le está causando un daño y alterando la paz familiar, el estado de miedo y terror que ha sufrido durante un momento puntual de gravedad o bien durante años[131], la ansiedad o el deterioro de su autoestima, además del *pretium doloris*.

Para la valoración del *daño a la dignidad personal* de la víctima, se deberían ponderar los actos machistas realizados y el significado discriminatorio que los mismos entrañan, tanto en el ámbito familiar como fuera de él. Siguiendo a la STS, Sala 2.ª, de 27 de junio de 2003 (TOL308.167), se trataría de valorar comportamientos que "en el seno de una relación de pareja, se ve sometida (la mujer), por uno de sus componentes, a una vejación y humillación continuada, metódica y deliberada, que tiene como objetivo conseguir una situación de dominio, que vulnera la propia personalidad de la víctima".

Resulta, por tanto, recomendable que los abogados y fiscales defiendan el derecho de las víctimas a que tanto los daños morales como los daños a su dignidad personal sean reparados y distinguirlos de los daños puramente psíquicos. Y que los tribunales a su vez introduzcan en sus sentencias una mayor motivación y detalle de las partidas indemnizables por daño moral y por daño a la dignidad, así como los criterios que han seguido para su determinación, debiendo conceder sumas indemnizatorias similares a las pérdidas que son objetivamente similares. Pues, como señalan los Principios de Derecho Europeo de la responsabilidad civil en su art. 10:301: "(1)...si la víctima ha sufrido un daño corporal o *un daño a la dignidad*

---

131 Magro Servert, V., (2017). "El daño moral indemnizable en la violencia de género". *La Ley* (7718), p. 2.

humana, a la libertad o a otros derechos de la personalidad...(2) En general, para cuantificar tales daños se tendrán en cuenta todas las circunstancias del caso, incluyendo la gravedad, duración y consecuencias del daño.... (3)... *En la cuantificación de las indemnizaciones* (...) *se deberán conceder sumas indemnizatorias similares por aquellas pérdidas que sean objetivamente similares*" (la cursiva es obra de la autora).

El art. 28 ter 2 a) LOVG es un mandato en este sentido, tanto para el juez civil como penal, debiendo evitar las meras indemnizaciones simbólicas que no suponen el reconocimiento de un verdadero daño[132].

5.2. La pérdida de oportunidades

Una de las cuestiones que nos suscita esta nueva partida del daño resarcible en los casos de violencia de género, es si resulta compatible la indemnización que pueda reclamar la víctima por pérdida de oportunidades [*ex* art. 28 ter 2.b) LOVG] con la pensión compensatoria del art. 97 CC.

Para responder a esta pregunta tenemos que tener en cuenta que la pensión compensatoria (art. 97 CC) trata de corregir el desequilibrio económico que la separación o el divorcio produce a un cónyuge en relación con la posición del otro, si ello implica un empeoramiento de la situación existente constante matrimonio[133].

Esta compensación podrá consistir en una pensión temporal o por tiempo indefinido, o en una prestación única, según se

---

132 En el mismo sentido, también, Barrientos Zamorano, M. (2007). *El resarcimiento...*, cit., p. 113.

133 Sobre la finalidad de la pensión compensatoria *vid.* Hernández Díaz-Ambrona, M.D. (2017). *Estudio crítico de la pensión compensatoria.* Reus. Madrid, pp. 9 y ss.

determine en el convenio regulador o en la sentencia (art. 97 pf. 1.° CC). A falta de acuerdo de los cónyuges, el juez determinará su importe teniendo en cuenta las siguientes circunstancias: 1.ª los acuerdos a que hubieran llegado los cónyuges; 2.ª la edad y el estado de salud del beneficiario; 3.ª la cualificación profesional y las probabilidades de acceso a un empleo; 4.ª la dedicación pasada y futura a la familia; 5.ª la colaboración con su trabajo en las actividades mercantiles, industriales o profesionales del otro cónyuge; 6.ª la duración del matrimonio y de la convivencia conyugal; 7.ª la pérdida eventual de un derecho de pensión; 8.ª el caudal y los medios económicos y las necesidades de uno y otro cónyuge, y 9.ª cualquier otra circunstancia relevante (art. 97 pf. 2.° CC) [134].

Tras la introducción en el CC de la pensión compensatoria por la Ley 15/2005, se produjeron dos líneas interpretativas en torno a su naturaleza y fundamento. Una objetiva, que considera que el criterio para su concesión radica en la mera desigualdad en la situación patrimonial de los cónyuges en el momento de la ruptura, por lo que las circunstancias que con-

---

134 Creo que no le falta razón a Vela Sánchez, A.J. [(2011). "Violencia de género en el ámbito familiar y pensión compensatoria". *El levantamiento del velo: las mujeres en el Derecho privado,* M.P. García Rubio / M.R. Valpuesta Fernández (dirs.); L. López de la Cruz / M. Otero Crespo (coords.). Tirant lo Blanch. Valencia, pp. 847-852], cuando defiende que la violencia de género doméstica debe de ser considerada una "*circunstancia relevante*" (del art. 97.9.ª CC) que el juez debería de tener en cuenta para denegar el derecho a la pensión compensatoria al marido maltratador, pues en esas circunstancias no resulta ni ética ni jurídicamente admisible dicha pensión. Teniendo en cuenta, además, que si la violencia ejercida sobre la mujer es una *causa de desheredación* del cónyuge al suponer un incumplimiento grave o reiterado de los deberes conyugales (art. 855.1.° CC), resulta lógico pensar que tampoco puede tener derecho a pensión compensatoria quien haya incurrido en tales circunstancias.

creta el párrafo 2.º del art. 97 CC sobrarían[135]. Y otra segunda línea, que ahonda más en los requisitos relacionados con las causas de desigualdad y la necesidad de su concurrencia para determinar su concesión y su carácter temporal o definitivo, y no solo su cuantía. La doctrina del Tribunal Supremo parece que ha optado por esta segunda línea interpretativa, que exige que el desequilibrio económico tenga su causa *en la pérdida de oportunidades laborales* del cónyuge que queda en peor situación como consecuencia de su dedicación a la familia[136].

En los casos de mujeres mayores víctimas de violencia de género será bastante habitual encontrarnos que la mujer, tras la ruptura, va a sufrir un empeoramiento de la situación económica que tenía mientras estaba casada y respecto a la posición del otro cónyuge, a causa de la pérdida de oportunidades laborales como consecuencia de su dedicación a la familia[137]. Su difícil incorporación al mundo laboral (por no decir imposible en la mayoría de los casos por razón de la edad), implicará que la pensión tenga casi seguro carácter indefinido, debido a las pocas

---

135 STS, Sala 1.ª, de 27 noviembre 2014 (ECLI:ES:TS:2014:4790).

136 Álvarez Olalla, P. (2023). "Criterios para la atribución de la pensión compensatoria. Comentario a la STS de 28 de noviembre de 2022". *Cuadernos Civitas de Jurisprudencia Civil* (122), p. 6 y la jurisprudencia por ella citada, como, además de la sentencia comentada, las SSTS, Sala 1.ª, de 19 de enero de 2010 (TOL1.790.759), STS 4 de noviembre de 2010 (TOL2.020.586), 20 de febrero de 2014 (TOL4.142.537), 25 de septiembre de 2019 (TOL7.515.249), 12 de febrero de 2020 (TOL7.765.714), 25 de noviembre de 2021 (TOL8.661.739) y 4 de mayo de 2022 (TOL8.940.997).

137 En este sentido la STS de 4 diciembre de 2012 (TOL2.724.040) afirma que: "la simple desigualdad económica, cuando no es consecuencia de una mayor dedicación a la familia de uno de los esposos, no determina un automático derecho de compensación por la vía del art. 97 CC".

posibilidades de que ese desequilibrio desaparezca[138] y pueda rehacer su vida y conseguir un estatus económico autónomo[139].

Entre los factores que podrá tener en cuenta el juez a la hora de determinar la cuantía de la pensión compensatoria, se encontraría la situación en la que queda la mujer después de la liquidación del régimen económico de gananciales. Como resulta de la STS, Sala 1.ª, de 4 mayo de 2022 (TOL8.940.997) donde la mujer, de 74 años, dejo de trabajar al casarse, disfrutó de un alto nivel de vida durante el matrimonio, teniendo dinero en cuentas y un bien en usufructo, por lo que se fija la pensión en 1.000 euros con carácter indefinido, aunque los recursos del marido eran cuantiosos.

Pero, en mi opinión, el juez no deberá tener en cuenta el cobro de alguna pensión a la que tuviera derecho la mujer como consecuencia de ser víctima de un delito de violencia de género. Pues la STS (Pleno) Sala 1.ª, de 19 de enero de 2010 (TOL1.790.759), ha venido a declarar como doctrina jurisprudencial que: "para determinar la existencia de desequilibrio económico generador de la pensión compensatoria debe tenerse en cuenta básicamente y entre otros parámetros, la dedicación a la familia y la colaboración con las actividades del otro cónyuge, el régimen de bienes a que ha estado sujeto el patrimonio de los cónyuges en tanto que va a compensar determinados desequilibrios y *su situación anterior al matrimonio*" (la cursiva es propia). Además, la Ley General de Seguridad Social

---

[138] La STS, Sala 1.ª, de 3 marzo de 2022 (TOL8.905.553) reitera la doctrina jurisprudencial según la cual la imposición de un límite temporal a la pensión compensatoria debe tener lugar cuando existe una situación de idoneidad que permita al cónyuge beneficiario superar el desequilibrio económico sufrido transcurrido un concreto periodo de tiempo.

[139] Hernández Díaz-Ambrona, M.D. (2017). *Estudio crítico...*, cit., p. 10.

desvincula el derecho a la pensión de viudedad de la pensión compensatoria en el caso de víctimas de violencia de género[140].

A la vista de lo anteriormente expuesto y contestando a la pregunta inicialmente formulada, entiendo que si la acción de reparación del daño en el caso de violencia de género tiene como finalidad reparar los daños patrimoniales y morales, incluidos los daños a la dignidad, que han sido causados por un cónyuge o pareja por la realización de una o varias acciones dolosas o culposas que han lesionado los derechos fundamentales de la víctima (como su derecho a la integridad física y psíquica, su dignidad y su integridad moral); bajo mi punto de vista, sería muy difícil reclamar como partida independiente del daño "la pérdida de oportunidades" cuando la víctima tiene derecho a cobrar la pensión compensatoria del art. 97 CC. Y ello por la misma finalidad de la pensión compensatoria, que trata de compensar la pérdida de derechos económicos o las legítimas expectativas por parte del cónyuge más desfavorecido por la ruptura a consecuencia de su mayor dedicación al cuidado de la familia, y no otros daños[141].

---

[140] Así, el art. 220 del Texto refundido de la Ley General de la Seguridad Social señala que: "En todo caso, tendrán derecho a la pensión de viudedad las mujeres que, aun no siendo acreedoras de pensión compensatoria, pudieran acreditar que eran víctimas de violencia de género en el momento de la separación judicial o el divorcio mediante sentencia firme, o archivo de la causa por extinción de la responsabilidad penal por fallecimiento; en defecto de sentencia, a través de la orden de protección dictada a su favor o informe del Ministerio Fiscal que indique la existencia de indicios de ser víctima de violencia de género, así como por cualquier otro medio de prueba admitido en Derecho". Este derecho se ha extendido también a las mujeres que forman uniones de hecho (STS, Sala de lo Social, n.º 272/2023, de 13 de abril de 2023).

[141] Sobre la distinción entre la pensión compensatoria y la indemnización tendente a exigir la indemnización por daños morales derivados del incumplimiento de los deberes conyugales, *vid.* Roca i

A *sensu contrario*, si la víctima no cuenta con pensión compensatoria y quisiera reclamar los daños y perjuicios causados por violencia de género, podría reclamar la partida de "perdida de oportunidades" del art. 28 ter 2 b) LOVG.

Finalmente hay que tener en cuenta que la pensión compensatoria es un derecho al que la mujer puede renunciar en el convenio regulador y algunas lo hacen por razones de defensa y autoprotección. En el caso de que renuncie a la pensión compensatoria presionada por su marido, al tratarse de

---

Trías, E. (2000). "La responsabilidad civil en el Derecho de familia. Venturas y desventuras de cónyuges, padres e hijos en el mundo de la responsabilidad civil". *Perfiles de la Responsabilidad civil en el nuevo milenio*, J.A. Moreno Martínez (coord.). Dykinson. Madrid, pp. 548-549, que afirma que: "el derecho a pensión se configura en el sistema español a modo de indemnización por los perjuicios que pueden derivar de una situación de cese de la convivencia conyugal, perjuicios objetivos porque sólo se tiene en cuenta el equilibrio entre los patrimonios de los ex esposos y no la participación de cada uno de ellos en las causas de la ruptura"; Marín García de Leonardo, T. (2006). "Remedios indemnizatorios en el ámbito de las relaciones conyugales". *Daños en el Derecho de Familia*, Monografía Asociada a la *RdP*, (17). Elcano (Navarra), pp. 155-156, que afirma que el art. 97 CC actuaría cuando se ha generado un daño de carácter injusto traducido en una pérdida de expectativas o de oportunidades profesionales que se habrían podido tener en caso contrario; Vargas Aravena, D. (2009). *Daños civiles en el matrimonio*. La Ley. Madrid, p. 169; y De Verda y Beamonte, J.R. (2007). "Responsabilidad civil y divorcio en el derecho español: resarcimiento del daño moral derivado del incumplimiento de los deberes conyugales". *La Ley*, D-70, y De Verda y Beamonte, J.R. / Chaparro Matamoros, P. (2012). "Responsabilidad civil por incumplimiento de los deberes conyugales". *Responsabilidad civil en el ámbito de las relaciones familiares*, J.R. de Verda y Beamonte (coord.). Aranzadi. Cizur Menor (Navarra), p. 117, que señalan a su vez la conexión entre la generosidad del legislador español a la hora de reconocer la pensión compensatoria y esa resistencia judicial a la aplicación del art. 1902 CC en el caso del incumplimiento de los deberes conyugales.

un negocio jurídico, estaría sujeto a las reglas de los vicios del consentimiento y podría ser anulable o nulo, dependiendo de la violencia empleada por el maltratador para obtener el consentimiento de su mujer (arts. 1261, 1267 y 1301 CC)[142].

5.3. El daño social

El daño social podríamos definirlo como los efectos negativos que la violencia machista les ha provocado a las víctimas en sus relaciones familiares y/o sociales, tomando como referencia su situación anterior[143]. El daño social es distinto del daño moral, pues mientras que este último incide en aspectos psicológicos de la víctima, el daño social se refiere a los aspectos sociales o externos que la rodean (como circunstancias personales, familiares, sociales, económicas o pérdida de calidad de vida)[144].

---

142 En esta dirección, la SAP Islas Baleares, Secc. 4.ª, n.º 153/2012 de 16 de abril de 2012 (TOL2.521.017), declara nulo el contrato de fianza prestado por una mujer con síndrome de mujer maltratada, que fue compelida por su pareja sentimental (condenada por un delito de maltrato físico y psíquico) a suscribirlo.

143 Siguiendo la definición aportada por Simón Gil, M. (2020). "El daño social: secuelas y lesiones sociales, la evaluación del trabajo social forense en víctimas de violencia de género". *Servicios Sociales y Política Social,* XXXVII (124), p. 16, que exactamente se refiere al daño social como: "Los efectos experimentados por una víctima en sus relaciones familiares y/o sociales como consecuencia de un evento traumático, donde tales efectos están relacionados a la resonancia de dicho suceso en las nuevas condiciones sociales y posición en ella del afectado, respecto a su contexto y mapa relacional anterior".

144 Ferri Fuentevilla, E. (2017). "El daño social como concepto indemnizable en víctimas de accidentes de circulación". *TSDifusion,* (124), pp. 23-24. https://trabajosocialsevilla.es/wp-content/uploads/2019/10/2017_dic_TSD124.pdf. Recuperado el 14 de noviembre de 2023.

Podríamos entender, por tanto, que el daño social afecta a las esferas personal, familiar, social y laboral de la mujer maltratada[145]; entendido -como dice el art. 28 ter .2 d) LOVG- "como el daño al proyecto de vida" y se podría reclamar de manera autónoma a los demás.

De acuerdo con la doctrina especialista en la materia, entre los daños sociales a valorar en las víctimas de violencia de género estarían: i) el aislamiento social sufrido (que le impide desarrollar estrategias de salida de la violencia y/o haber tenido contacto con sus amistades); ii) el deterioro en las relaciones con sus familiares más queridos; iii) la disminución de habilidades sociales para relacionarse y defender sus propios derechos o ideas (cuando han sido privadas de actividades de ocio o contacto con otras personas) [146]; y iv) las conductas adictivas que se hayan podido generar como consecuencia de la violencia[147]. A lo que podríamos añadir nosotros: v) la dificultad de poder entablar una nueva relación de pareja; y iv) el perjuicio por pérdida de apoyos familiares y sociales que supone la necesidad de cambiar de lugar de residencia como consecuencia de la violencia.

Los trabajadores sociales adscritos a las Unidades de Valoración Forense tienen un papel muy importante a la hora de valorar en sus informes el daño social en las víctimas de violencia de género, así como si existe esa lesión y la intensidad de la misma.

---

145 Ferri Fuentevilla, E. (2017). *Ibid.*, p. 25; y Vela Sánchez, A.J. (2022). "Violencia de género y daño moral", *La Ley* (11093), p. 5.

146 *Vid.* aquí Simón Gil, M. (2016). "Cómo valorar las secuelas y lesiones sociales a víctimas de violencia de género: dimensiones e indicadores". *Respuestas transdisciplinares en una sociedad global. Aportaciones desde el trabajo social.* Universidad de la Rioja. Logroño. https://publicaciones.unirioja.es/catalogo/online/CIFETS_2016/Monografia/pdf/TC309.pdf. Recuperado el 14 de noviembre de 2023; Id. (2020). "El daño social...", cit., pp. 15-16.

147 Álvarez Olalla, P. (2020). *Violencia de género...*, cit., p. 137.

El daño social en la violencia de género es un concepto todavía por configurar por la jurisprudencia, entre otras cosas, porque no aparece previsto en el Código penal, aunque ahora tendrá que serlo por la previsión que hace el art. 28 ter.2 d) LOVG como una partida del daño indemnizable en estos casos. De las pocas sentencias que hay sobre la materia[148], podríamos decir que ha sido definido como: "la lesión o menoscabo que sufre una persona en su funcionalidad social (esfera personal, familiar, social y laboral) ante un hecho inesperado en el devenir de su cotidianidad (Ferri y Martínez, 2019). En el plano penal/criminológico es la lesión que sufre la víctima sobre concretos derechos fundamentales (a la vida y a la integridad física; a la salud; a los derechos civiles y políticos; y a los económicos, sociales y culturales), como consecuencia del hecho delictivo" [SJ Penal n.º 2 de Mataró (Barcelona) de 22 de julio de 2021 (TOL8.609.836)][149].

---

148 Siguiendo en este punto las recogidas por Vela Sánchez, A.J. (2022). "Violencia de género y daño moral", cit., pp. 7 y ss.

149 En el caso de autos se trata de un supuesto de impago de pensiones, donde la juez, además de considerar necesaria la inclusión en el Código penal de un precepto específico que contemplara la violencia económica en sus diversas modalidades y, específicamente el impago de pensiones como modalidad de violencia sobre la mujer, habla de la necesidad de reparación integral de la víctima. Lo que incluye, no solo el daño económico efectivamente causado (que es al final a lo que fue condenado el demandado), sino también al daño social (que en este caso se concreta en la incidencia que tiene el impago de la pensión en sus hijos para atender a sus necesidades más básicas y que su madre tenga que hacer frente a las mismas). Sobre este tema *vid.* en particular, Solé Resina, J. (2023). "Violencia económica contra la mujer. El impago de pensiones y la reparación integral del daño". *La Ley* (3448), quien mantiene con buen criterio que el reconocimiento del impago de alimentos debidos a los hijos como un supuesto de violencia de género económica exige garantizar la reparación integral del daño producido a la mujer.

El daño social se identifica en la jurisprudencia, en las acciones controladoras y de dominio, cuando a la víctima "le costó mucho salir de esa relación (recordemos que era tan solo una adolescente) y consiguió alejarse de él (el investigado) aliviándose y recuperando apoyos (resarciéndose del «*daño social*» *sufrido*)" [SAP Álava, Secc. 2.ª Penal, de 28 de noviembre de 2017 (TOL6.496.291)][150]; existiendo también "daño social" cuando se controlan sus amistades y su futuro profesional, apartándola de lo que ella hubiera querido hacer [STSJ de Castilla y León, Burgos, Sala de lo Civil y Penal, Secc. 1.ª, de 18 de enero de 2021 (TOL8.381.564)][151].

Cuando la víctima se ve obligada a un cambio de domicilio y lugar de residencia por la violencia ejercida por su maltratador, el "*daño social* sufrido por la perjudicada y las consecuencias sociales de los hechos afectan a su capacidad para salir adelante por sí misma ante el riesgo de carecer de una red de apoyo socio familiar, de recursos económicos, tener un hijo a su cargo de corta edad y el estigma sufrido en su entorno" [SAP Murcia, Secc. 3.ª, de 7 de mayo de 2019 (TOL7.405.767)].

Por otro lado, el "daño social asociado a la violencia vivenciada", en la que además de malos tratos habituales, coacciones y amenazas, hubo un delito continuado de agresión sexual con penetración -en relación con una de sus hijas, Carla- y otro de abusos sexuales con penetración -respecto de su otra hija, Car-

---

150 El acusado fue condenado por un delito de maltrato habitual en el ámbito de la violencia de género del art. 173.2 CP, pero no a ninguna responsabilidad civil derivada del delito.

151 La sentencia habla en este caso de que existió un "daño social, familiar y personal compatibles con la situación de malos tratos y características propias de víctima de violencia de género". El acusado fue condenado por un delito de maltrato habitual (art. 173.2 CP) y varios de maltrato ocasional (art. 153.1° CP), pero a ninguna responsabilidad civil derivada de estos delitos.

men-: "Se objetiva un menoscabo de todas ellas a su capacidad de relacionarse de forma saludable y en igualdad de condiciones con los demás, destacando por su especial gravedad el caso de Carla, cuyas posibilidades de situarse en una relación de pareja desde posturas funcionales ha sido inviable hasta la fecha y que se estima que lo va a seguir siendo a medio-largo plazo, pudiendo convertirse con el tiempo en secuela social" [SAP Badajoz, Secc. 1.ª, 2 de diciembre de 2019 (TOL7.745.413)][152].

En definitiva, y a la vista de todo lo expuesto, podemos concluir que las mujeres mayores deben tener la oportunidad de diseñar un proyecto vital propio en el que puedan definir sus objetivos personales sin violencia machista, teniendo derecho a reclamar el daño social producido como resultado de la misma. Este daño social se puede concretar en estos casos en el aislamiento social sufrido por la mujer en relación con su familia, amistades y vecinos; el deterioro en las relaciones con sus familiares más queridos (incluso respecto de sus propios hijos, ante los cuales ha tenido que recibir comentarios degradantes que los ha podido alejar de ella o desmerecer en su consideración); el impacto que le ha podido suponer a la víctima cambiar su hogar por una residencia u otro lugar para iniciar una nueva vida alejada de su maltratador, dejando atrás todo lo anterior; e incluso la dificultad de poder iniciar una nueva relación de pareja normalizada.

---

152 La indemnización concedida por el Tribunal en concepto de responsabilidad civil, por las lesiones psicológicas y sociales, así como el daño moral ocasionado este caso fue la siguiente: Cándida (una de las hijas), 6.000 €; Esther (la mujer), 12.000 €; Carmen (otra de las hijas del matrimonio respecto de la que había abusado sexualmente), 18.000 €; y Carla (hija adoptiva del condenado respecto de la que se había producido un delito continuado de agresión sexual con penetración), 24.000 €.

5.4. El tratamiento terapéutico

Como recoge el informe de la OMS realizado en 2013 relativo a las consecuencias para la salud de la violencia contra las mujeres[153], las mujeres que sufren violencia infligida por sus parejas tienen más necesidades de los servicios de salud y con mayor frecuencia que el resto de mujeres. La utilización de estos servicios crece a medida que aumentan la frecuencia y la gravedad de la violencia. La violencia de género en la pareja ocasiona problemas crónicos de salud como el estrés postraumático, la ansiedad, trastornos depresivos e insomnio, entre otros, como hemos tenido ocasión de señalar antes.

El desarrollo de lo que cabe entender como "tratamiento terapéutico, social y de salud sexual y reproductiva" [art. 28 ter.2 e) LOVG], lo encontramos en el apartado 4 del mismo artículo 28 ter LOVG. En él se señala que: "Las *administraciones públicas* garantizarán la completa recuperación física, psíquica y social de las víctimas a través de la red de recursos de atención integral previstos en el Título II. Asimismo, con el objetivo de garantizar la recuperación simbólica, promoverán el restablecimiento de su dignidad y reputación, la superación de cualquier situación de estigmatización y el derecho de supresión aplicado a buscadores en Internet y medios de difusión públicos. Asimismo, las administraciones públicas podrán establecer ayudas complementarias destinadas a las víctimas que, por la especificidad o gravedad de las secuelas derivadas de la violencia, no encuentren una respuesta adecuada o suficiente en la red de recursos de atención y recuperación. En particular, dichas víctimas podrán recibir ayudas adicionales para

---

[153] Organización Mundial de la Salud. (2013). *Comprender y abordar la violencia contra las mujeres. Consecuencias para la salud.* Washington DC, p. 6. https://iris.who.int/bitstream/handle/10665/98862/WHO_RHR_12.43_spa.pdf?sequence=1. Recuperado el 14 de noviembre de 2023.

financiar los tratamientos sanitarios adecuados, incluyendo los tratamientos de reconstrucción genital femenina, si fueran necesarios" (la cursiva es propia).

La RAE viene a definir el tratamiento terapéutico como el: "Tratamiento empleado en diversas enfermedades somáticas y psíquicas, que tiene como finalidad readaptar al paciente haciéndole realizar las acciones y los movimientos de la vida diaria". Por lo tanto, su objetivo máximo es la curación del paciente y en él podría incluirse, bajo mi punto de vista, todas las intervenciones o acciones llevadas a cabo por profesionales de la salud con el objetivo de mejorar la salud mental, emocional o física de la persona. Lo que puede incluir diversas modalidades, como la terapia psicológica, psiquiátrica, física u ocupacional, entre otras.

Con la previsión establecida en el art. 28 ter 4 LOVG se darían cobertura por parte de las administraciones públicas a situaciones que podrían no quedar cubiertas hasta ahora como parte de la responsabilidad civil a cargo del maltratador. Ya que existen a este respecto sentencias del TS que rechazan el tratamiento psicológico como tratamiento médico si no está prescrito por un médico[154]. Entre ellas la STS, Sala 2.ª, n.º 778/2022 de 22 de septiembre de 2022 (TOL9.241.968), que considera que no existen lesiones psíquicas a efectos del art. 147.1 CP si se trata de un "tratamiento psicológico impuesto por el psicólogo clínico, a pesar de su importancia y de sus posibles efectos beneficiosos". Jurisprudencia que, por otro lado, deberá ser revisada al hilo del art. 28 ter 2 e) LOVG y de la consideración del "tratamiento terapéutico" como parte de la indemnización a cargo del responsable del daño.

---

154 STS, Sala 2.º, de 29 de noviembre de 2007 (TOL1.227.430) y la jurisprudencia que en ella se cita.

VI. LA PROTECCIÓN A LA SALUD DE LA MUJER MALTRATADA

El art. 43 CE reconoce el derecho a la protección de la salud y evidentemente la violencia de género afecta a la salud de sus víctimas[155]. Precisamente en este ámbito, el art. 19 LOVG señala que las mujeres víctimas de esta violencia tienen derecho a la asistencia social integral, a través de servicios sociales de atención, de emergencia, de acogida y de recuperación integral. Según la misma norma, la organización de estos servicios por parte de las Comunidades Autónomas y las corporaciones locales responderá a los principios de atención permanente, actuación urgente, especialización de prestaciones y multidisciplinariedad profesional[156].

---

155 En el análisis que se realiza en la *Macroencuesta de Violencia contra la Mujer de 2019* se apunta como uno de sus objetivos "mostrar cómo la violencia en la pareja aumenta el riesgo de padecer diversos síntomas de mala salud y de acudir a servicios médicos" (p. 91).

156 El confinamiento que ha tenido lugar como consecuencia del virus de la COVID-19 ha pasado factura a muchas personas mayores. También preocupó especialmente al Ministerio de Igualdad, que puso en marcha una "Guía de actuación para mujeres que estén sufriendo violencia de género en situación de permanencia domiciliaria derivada del estado de alarma por COVID-19", que incluía un amplio catálogo de servicios, consejos, indicaciones y pautas de actuación para las mujeres que estuvieran conviviendo o no con su maltratador. https://violenciagenero.igualdad.gob.es/informacionUtil/covid19/GuiaVictimasVGCovid19.pdf. Recuperado el 14 de noviembre de 2023.

La violencia ejercida durante largo tiempo en las mujeres deja secuelas importantes en su salud[157]. La ausencia de estudios sobre el impacto directo que esta violencia tiene en las mujeres de mayor edad, provoca muchas veces que sus necesidades no sean tomadas en cuenta, lo que dificulta el acceso a los especialistas médicos, psicólogos y demás recursos sociales, y se opte en repetidas ocasiones por la medicación del maltrato[158].

Otros datos muestran que el colectivo de mujeres mayores apenas utilizan los servicios ofertados por las administraciones públicas especializados en la intervención psicológica, atención primaria o urgencias a las víctimas de violencia contra la mujer. Y cuando estas mujeres solicitan ayuda a los servicios hospitalarios, lo hacen bajo otras demandas y atenciones[159]. De hecho, las mujeres de mayor edad, que han sufrido violencia física o sexual por parte de sus parejas, mencionan en mayor medida que las demás en los estudios realizados que no recibieron asistencia sanitaria, aunque la necesitaran[160].

---

157 Muchas mujeres describen que las agresiones les han dejado secuelas en diversas partes del cuerpo, que se han agravado con la edad, como lesiones en los oídos, fractura de huesos y cartílagos, desviaciones de columna y afectaciones cervicales [como recogen, Rebolledo Deschamps, M.L. (coord.) / Martínez Rebolledo, A. / Peña Anguita, B., (2021). *Guía orientativa…*, cit., p. 70].

158 Meneses Falcón, C. (coord.) / Charro Baena, B. / Rúa Vieites, A. / Uroz Olivares, J. (2018). *La violencia de género en la pareja o en la expareja de mujeres mayores de 60 años. Informe de resultados.* Madrid. Universidad Pontificia de Comillas, p. 18. https://repositorio.comillas.edu/xmlui/handle/11531/34999. Recuperado el 14 de noviembre de 2023.

159 Hernando Gómez, M. / Laespada, T. (2021). "Víctimas de violencia de género mayores de sesenta y cinco años: análisis interseccional de vulnerabilidades y nuevas formas de maltrato", *Zerbitzuan* (*Revista de servicios sociales*), (75), p. 9.

160 Rebolledo Deschamps, M.L. (coord.) / Martínez Rebolledo, A. / Peña Anguita, B. (2021), *Guía orientativa…*, cit., p. 53.

1. La autonomía de la mujer *versus* la obligación legal de denunciar por parte del personal sanitario

Dentro de los recursos de los que se dispone para la detección e intervención de los casos de violencia de género entre mujeres de mayor edad, cobra especial relevancia el Sistema de Salud pública y más concretamente la Atención Primaria —como señalábamos—, donde es importante que se cuente con una formación específica y con protocolos de actuación para estos casos.

A este respecto cabe destacar que hay un Protocolo Común para la Actuación Sanitaria ante la Violencia de Género de 2007, actualizado en 2012, que establece las pautas de actuación en el Sistema Nacional de Salud para detectar, valorar y hacer un seguimiento de este tipo de violencia[161]. En este Protocolo se recoge el respeto a la autonomía de la voluntad de la mujer para que pueda tomar decisiones informadas y ser protagonista de su propio proceso de recuperación. Por lo que deben ser informadas de las diferentes alternativas y posibilidades de actuación, de las consecuencias probables de actuar o no actuar, de los beneficios y riesgos esperados. Además, se deberá solicitar su consentimiento para la realización de fotografías y para ser reconocida por el equipo forense[162].

---

161 Ministerio de Sanidad, Servicios Sociales e Igualdad. (2012). *Protocolo común para la actuación sanitaria ante la Violencia de Género.* https://violenciagenero.igualdad.gob.es/profesionalesInvestigacion/sanitario/docs/PSanitarioVG2012.pdf. Recuperado el 14 de noviembre de 2023.

162 Sobre el consentimiento informado en el ámbito sanitario y su vinculación con los derechos constitucionales, *vid.* con mayor detalle, Ortiz Fernández, M. (2021). *El consentimiento informado en el ámbito sanitario. Responsabilidad civil y derechos constitucionales.* Dykinson. Madrid, pp. 70 y ss.

La detección de los casos de violencia de género por parte de los profesionales sanitarios tiene una vital importancia, pues deben comunicar el maltrato a las autoridades judiciales mediante el parte de lesiones y el informe médico correspondiente, lo que permite poner en marcha las medidas legales dirigidas a la protección de la mujer y, además, evita que el delito quede impune.

En la atención a las mujeres en situaciones de violencia de género, los profesionales sanitarios deben tener siempre presentes los principios éticos de actuación y los derechos que las mujeres tienen como pacientes, reconocidos en la Ley 41/2002, de 14 de noviembre, reguladora de la autonomía del paciente, además de lo dispuesto en los códigos deontológicos, donde se recoge el secreto profesional como un derecho de los pacientes.

Una de las situaciones de mayor conflicto a la que se puede enfrentar un profesional sanitario, se produce cuando encuentra evidencias de maltrato y la mujer manifiesta su deseo de no denunciar a su maltratador. El deber de emitir un parte de lesiones sin el consentimiento de la mujer sitúa al profesional sanitario ante un conflicto ético, ya que puede considerar que con ello viola el secreto profesional y la posible pérdida de confianza de la paciente.

Frente a esto hay que tener en cuenta que el art. 262.1 LECrim. establece el deber general de denunciar la comisión de un delito por parte de quien tenga conocimiento del mismo por razón de su cargo o profesión; el art. 544 ter apdo. 2 de la misma Ley (que regula la orden de protección) incide sobre el deber de denuncia de entidades u organismos asistenciales, públicos o privados, que tuvieran conocimiento de la comisión de un delito contra la vida, la integridad física o moral, la libertad sexual, la libertad o la seguridad de alguna de las personas mencionadas en el art. 173.2 CP, debiendo poner inmediatamente en conocimiento del juez de guardia o del Ministerio Fiscal las evidencias o sospechas que tengan sobre las situaciones de violencia de género; y, por último, el art. 355 LECrim. recoge la obligación de dar parte del estado de las lesiones de los médicos que hayan asistido al herido en las causas criminales.

El parte de lesiones que realiza el médico que ha detectado un caso de violencia contra la mujer constituye un documento esencial que, junto a la historia clínica, sustentan la denuncia ante los Tribunales de Violencia sobre la Mujer. Deberá describir las lesiones que presenta la mujer que ha sufrido la agresión, la asistencia o tratamiento médico que se le ha prestado, indicar el lugar y fecha en la que se realiza y debe ir firmado por el facultativo. El objetivo del parte de lesiones es que la autoridad judicial tenga conocimiento del hecho y pueda llevar a cabo las investigaciones pertinentes[163]. Y su elevación a la misma constituye una obligación del médico que tiene conocimiento de un caso de violencia de género (arts. 262.1, 355 y 544 ter apdo. 2 LECrim. y 173.2 CP).

Esta obligación legal puede chocar en ocasiones con la exención de la víctima de denunciar al cónyuge o persona que conviva con ella en análoga relación de afectividad (art. 261.1.º LECrim.). Sin embargo, el delito de violencia de género se configura como un delito público, lo que significa que puede ser perseguido de oficio y no es necesario que haya denuncia de parte (art. 262 LECrim.). Los familiares, los servicios públicos y, en general, cualquier ciudadano que tenga conocimiento de la existencia de este tipo de agresiones, pueden poner en conocimiento del Juzgado, del Ministerio Fiscal o de la autoridad judicial, estas situaciones para que actúen de oficio e impulsen el procedimiento investigando los hechos. Esto no impide, sin embargo, que, una vez presentada la denuncia penal, la víctima se retracte de sus declaraciones y no quiera continuar con

---

163 García Calvo, T./ Osuna, E.J. (2016). "Eficacia jurídica de la actuación de los profesionales sanitarios en la protección de la víctima de violencia de género". *Derecho y Salud,* (26, n.º extra), pp. 225-227.

el procedimiento, o desee que el presunto agresor sea absuelto o castigado con una menor pena de la que pueda corresponderle por la autoría de los hechos.

Como se desprende de la jurisprudencia, para la acreditación de los actos de violencia resulta fundamental la declaración de la víctima contra su maltratador, cuando no hay otros testigos. Un parte de lesiones sin más, aunque sea ratificado por el médico forense, solamente acredita la existencia de las lesiones, pero no hacen prueba de la autoría, ni de la forma de producción del daño o si proceden de un acto de violencia machista[164]. Muchos de los casos de violencia de género que se han plateado ante nuestros tribunales acaban sobreseyéndose o con sentencia absolutoria, debido a la dificultad probatoria de estas conductas, que se desarrollan en la intimidad de la pareja, y al acogimiento por parte de las víctimas de la dispensa de la obligación de declarar contra su cónyuge o pareja recogida en el art. 416 LECrim[165].

En el caso de las mujeres mayores estas situaciones se pueden presentar también y quizás en mayor medida, pues se enfrentan a un sistema totalmente desconocido para ellas, en el que deben

---

164 En esta dirección *vid.* entre otras la SAP Cádiz, Sección 3.ª, n.º 172/2018 de 18 de abril 2018 (TOL6.828.675); y el AAP Girona, Secc. 4.ª, n.º 508/2022, de 29 de septiembre de 2022 (TOL9.545.762).

165 El Pacto de Estado en materia de Violencia de Género es consciente de este resquicio legal, por lo que estableció en la medida 142 que se han de "evitar los espacios de impunidad para los maltratadores, que pueden derivarse de las disposiciones legales vigentes en relación con el derecho de dispensa de la obligación de declarar, a través de las modificaciones legales oportunas".
Según los datos publicados por el CGPJ, el porcentaje de mujeres víctimas que se acogieron a la dispensa de la obligación legal de declarar en 2022 fue muy similar al de 2021. Un total de 16.839 víctimas, el 9,5 % del total (frente al 9,86 % de 2021). De ellas, 9.540 eran españolas y 7.299 de otras nacionalidades.

declarar ante un juez, un médico forense y enfrentarse en los juzgados al agresor (con el que han mantenido una convivencia de muchos años). Por lo que se debe evitar en cualquier caso la victimización secundaria, ofreciéndoles las máximas facilidades para el ejercicio y tutela de sus derechos[166].

Desde la STS (Sala 2.ª Pleno) de 10 de julio de 2020 (TOL8.030.719) se ha dado un giro importante a la dispensa de la obligación de declarar contenida en el art. 416 LECrim. En ella el Alto Tribunal fija como doctrina que, si la víctima ha denunciado primero y después se ha constituido en acusación particular, habiendo sido informada de que no tiene obligación de denunciar o declarar contra su cónyuge o pareja (*ex* arts. 261 y 416 LECrim.), renuncia a su derecho de dispensa del art. 416 LECrim. y tiene obligación de declarar en el juicio oral, a pesar de renunciar después a la acusación particular. Y ello por cuanto el Tribunal Supremo ha considerado que la mujer que denuncia ya ha resuelto el conflicto que suele plantearse en este tipo de asuntos, por lo que no tiene mucho sentido ofrecerle otra vez la dispensa, que lo único que hace es volver a victimizarla frente a posibles coacciones de su agresor para que no declare contra él. Con ello, además, se realiza una interpretación conforme al Convenio de Estambul, que exige una adecuada información a las víctimas, pero también que se proporcionen los medios nece-

---

166 Desde la Fiscalía de violencia sobre la Mujer se recomienda, que, de conformidad con el art. 707 LECrim., la declaración de la víctima se lleve a cabo evitando la confrontación visual con la persona inculpada, a cuyo fin podrá ser utilizado cualquier medio técnico que haga posible la práctica de esta prueba, incluyéndose la posibilidad de que los testigos puedan ser oídos sin estar presentes en la sala mediante la utilización de tecnologías de comunicación accesible. Así como que se acuerde, previa audiencia de las partes y de conformidad con el art. 681 LECrim., que todos o algunos de los actos o sesiones del juicio se celebren a puerta cerrada. Fiscalía general del Estado (2022). *Conclusiones del XVII Seminario…*, cit., p. 42.

sarios para la sanción de las acciones contempladas en él (como se razona el FJ 12.º de dicha sentencia).

La LO 8/2021, de 4 de junio, de protección integral a la infancia y la adolescencia frente a la violencia, modifica el art. 416 LECrim., recogiendo la doctrina resultante de la STS 10 julio de 2020 (en sus números 4.º y 5.º)[167]. Y, además, amplia los supuestos en los que no es de aplicación la dispensa de la obligación de declarar, a situaciones que suponen una mayor esfera de protección para las víctimas y los menores[168]. Con ello se trata de aminorar las sentencias absolutorias por falta de elementos probatorios, que han llevado a muchos maltratadores a su absolución y a que se cuestione la instrumentalización de la LOVG por parte de algunas mujeres[169]. Si bien cabe observar que la víctima, cuando no ha ejercido la acusación particular, todavía puede acogerse a su derecho a no declarar (*ex* art. 416.1 LECrim.).

---

[167] De acuerdo con la nueva redacción del art. 416 LECrim. no será de aplicación la dispensa de la obligación de declarar del cónyuge o persona unidad por relación de hecho análoga a la matrimonial: "4.º Cuando el testigo esté o haya estado personado en el procedimiento como acusación particular. 5.º Cuando el testigo haya aceptado declarar durante el procedimiento después de haber sido debidamente informado de su derecho a no hacerlo".

[168] Como recoge la STS n.º 752/2021 de 6 de octubre de 2021 (TOL8.623.981) en su FJ 4.º

[169] Sobre los cambios jurisprudenciales y legales que se han producido en torno a la dispensa de la obligación de declarar establecida en el art. 416 LECrim. *vid.* Fernández Nieto, J. (2022). "Dispensa del deber de declarar del art. 416 LECrim: el camino que queda por andar". *La Ley Derecho de familia,* (36), pp. 39-52.

2. El nuevo sistema de apoyos previsto en la Ley 8/2021

La dependencia hacia otra u otras personas puede limitar a una mujer mayor a manifestar su situación de maltrato. Se ha observado que las mujeres de mayor edad hacen un uso escaso de los canales legales que les podrían servir de protección para romper el ciclo de la violencia de género. La Ley 8/2021, de 2 de junio, por la que se reforma la legislación civil y procesal para el apoyo a las personas con discapacidad en el ejercicio de su capacidad jurídica, podría servir de ayuda para estos casos.

El origen de la Ley 8/2021, como es sabido, se encuentra en la Convención sobre derechos de las personas con discapacidad, realizada en la sede de la ONU en Nueva York el año 2006 y ratificada sin ninguna reserva por España el 3 de diciembre de 2007. Se basa en los derechos humanos y busca que las personas con discapacidad (de cualquier tipo) tengan reconocidos y garantizados todos los derechos y libertades en igualdad de condiciones que el resto de las personas.

Para entender los cambios operados por la Ley 8/2021, hay que tener en cuenta que la Convención no distingue entre los distintos tipos de discapacidad, de modo que el propósito declarado de la misma (esto es, promover, proteger y asegurar el goce pleno de todos los derechos humanos y libertades fundamentales, según dispone su art. 1.1), afectaría por igual a todas las personas[170]. A todas ellas les resultarían aplicables los principios

---

[170] La Convención se caracteriza porque parte de lo que se ha venido en denominar *modelo social* de la discapacidad, distinto del *modelo médico* que ha sido el tradicionalmente empleado para concebir la discapacidad, tanto desde el ámbito del Derecho internacional como nacional. A diferencia de este último, el modelo social considera que la discapacidad de una persona no está originada por las deficiencias que tienen su causa en las propias limitaciones funcionales, psicológicas o

generales de la Convención (art. 3), como el respeto de la dignidad inherente, la autonomía individual, incluida la libertad de tomar las propias decisiones y la independencia de las personas [art. 3.a)], así como la prohibición de discriminación [art. 3.b)], y la igualdad de oportunidades [art. 3.e)], entre otros.

La Convención busca que las personas con independencia de su discapacidad puedan ejercer su "capacidad jurídica en igualdad de condiciones con las demás en todos los aspectos de la vida" (art. 12.1) y se reemplacen los regímenes basados en la sustitución en la adopción de decisiones (como es la tutela), por unas medidas de "apoyo que puedan necesitar en el ejercicio de su capacidad jurídica" (art. 12.3), mediante el establecimiento de un sistema de salvaguardas que respete "los derechos, la voluntad y las preferencias de la persona, que no haya conflicto de intereses ni influencia indebida, que sean proporcionales y adaptadas a las circunstancias de la persona" (art. 12.4).

Por su parte el art. 19 de la Convención garantiza a todas las personas con discapacidad y, por tanto, a las personas de mayor edad que puedan tener alguna discapacidad, el derecho a decidir dónde, con quién y cómo vivir, en igualdad de condiciones con las demás[171].

---

sensoriales, sino en gran medida por las circunstancias sociales y personales que la rodean. Dicho de otro modo, para el modelo social no son las limitaciones individuales ocasionadas por las deficiencias las que incapacitan, sino las limitaciones de una sociedad que no toma en consideración ni tiene presente a las personas con discapacidad [según explica Cuenca Gómez, P. (2012). *Los derechos fundamentales de las personas con discapacidad. Un análisis a la luz de la Convención de la ONU*, Cuadernos de la Cátedra de Democracia y Derechos Humanos, n.º 7. Universidad de Alcalá. Madrid, pp. 3-34].

171 Como afirma Leciñena Ibarra, A. (2023). "Breve apunte sobre la implementación de estrategias contractuales como alternativa a la cobertura familiar de los cuidados", *Tribuna,* p. 3: "Ignorar esta exigencia obliga-

La idea central del nuevo sistema es la de apoyo a la persona que lo precise, apoyos que, como interpreta la Observación General n.º 1 de 2014 del Comité sobre Derechos de las Personas con Discapacidad de la Organización de Naciones Unidas, "pueden ser muchos y muy distintos", en atención a las necesidades de quienes los precisan (art. 12 III Convención).

La Ley 8/2021 modificó el Código civil para adaptarlo a la Convención de Nueva York. La propia Exposición de Motivos de esta Ley recuerda, con cita en el art. 10 CE, que la nueva regulación está inspirada en el respeto a la dignidad de la persona y en la tutela de sus derechos fundamentales. Y a ello se alude expresamente en el art. 249 CC, que dispone que "las medidas de apoyo a las personas mayores de edad o menores emancipadas que las precisen para el adecuado ejercicio de su capacidad jurídica tendrán por finalidad permitir el desarrollo pleno de su personalidad y su desenvolvimiento jurídico en condiciones de igualdad. Estas medidas de apoyo deberán estar inspiradas en el *respeto a la dignidad de la persona y en la tutela de sus derechos fundamentales*". Este recordatorio constitucional en el Código civil, como señala Cristina Guilarte Martín-Calero, "resulta especialmente indicado en una materia que puede comprometer el libre desarrollo de la personalidad, la vida privada y familiar, la libertad y la autonomía personal"[172].

La nueva normativa pretende una "razonable desjudicialización" en materia de discapacidad y que la guarda de hecho, que no precisa de una constitución judicial ni notarial, sea la

---

ría a calificar de mera especulación los mandatos normativos de hegemonía de la voluntad y autonomía decisoria, pilares de la ley 8/2021".

172 Guilarte Martín-Calero, C. (2022). "Las grandes líneas del nuevo sistema de apoyos regulado en el Código Civil español". *El nuevo sistema de apoyos a las personas con discapacidad y su incidencia en el ejercicio de su capacidad jurídica*, N. Álvarez Lata (coord.). Asociación de Profesores de Derecho Civil. Aranzadi. Navarra, p. 33.

institución de apoyo principal para las personas con discapacidad[173]. Hay también una preferencia a la autoregulación, —las medidas que voluntariamente otorgue ante notario la persona con discapacidad—, frente a la heteroregulación, —medidas legales o judiciales— (arts. 249 II y 255 CC).

Las personas que vayan a prestar apoyo deben actuar siempre atendiendo a la voluntad, deseos y preferencias de quien lo precise, y procurarán que la persona con discapacidad pueda desarrollar su propio proceso de toma de decisiones, informándola y ayudándola en su compresión y razonamiento, y facilitando que pueda expresar sus propias preferencias.

En casos excepcionales, cuando, pese a haberse hecho un esfuerzo considerable, y no sea posible determinar la voluntad, deseos y preferencias de la persona, las medidas de apoyo podrán incluir funciones representativas. En este caso, en el ejercicio de estas funciones, se deberá tener en cuenta la trayectoria vital de la persona con discapacidad, sus creencias y valores, así como los factores que ella hubiera tomado en consideración, con el fin de tomar la decisión que habría adoptado esa persona en caso de no requerir representación.

3. La situación de la mujer como cuidadora de su maltratador

Muchas mujeres que han sido maltratadas por sus maridos o parejas ejercen como sus cuidadoras, cuando estos precisan la provisión de cuidados familiares por encontrarse en situacio-

173 De Verda y Beamonte, J.R. (2022). "La guarda de hecho de las personas con discapacidad". *El nuevo sistema de apoyos a las personas con discapacidad y su incidencia en el ejercicio de su capacidad jurídica*, N. Álvarez Lata (coord.), Asociación de Profesores de Derecho Civil. Aranzadi. Navarra, pp. 81-82.

nes de dependencia o enfermedad y, en este rol, también son maltratadas. El papel de "cuidadoras" que han asumido estas mujeres durante toda su vida, así como la responsabilidad por el bienestar de su familia, puede superar su percepción de ser víctima de violencia y elegir permanecer al lado de su agresor, constituyendo un obstáculo importante a la hora de decidir una posible ruptura con la situación de violencia[174].

Incluso cada vez resultan más frecuentes casos en los que los hijos o hijas se separan y vuelven al domicilio familiar, sobrecargando todavía más a las madres con el trabajo doméstico y el cuidado de los nietos, disminuyendo así su autonomía y las posibilidades de plantearse un cambio en su situación, al tener más personas a su cargo[175].

Una posibilidad que se contempla en diversos estudios sobre la violencia de género en las personas mayores es la de realizar una intervención que no tenga como objetivo único la salida de las mujeres de las relaciones violentas (cuando no contemplan como opción la separación o el divorcio), sino buscar si se puede mejorar tanto su posición dentro de esa relación como la de su calidad de vida[176]. El posible tratamiento de estos casos, muchas veces asociados a situaciones de demencia o de

---

174 Meneses Falcón, C. (coord.) / Charro Baena, B. / Rúa Vieites, A. / Uroz Olivares, J. (2018). *La violencia de género en la pareja…*, cit., p. 97.

175 Como reflejan diversos estudios, las mujeres mayores sienten una mayor presión social cuando existe por parte de las hijas o hijos la necesidad de que actúen como cuidadoras o colaboren en la atención de los nietos o nietas. Este aspecto condiciona en sentido negativo para la toma de decisiones en beneficio de mantener el sistema familiar y en el estudio de la Delegación del Gobierno para la Violencia de Género se resalta esta circunstancia como una situación de vulnerabilidad adicional [Hernando Gómez, M. / Laespada, T. (2021). "Víctimas de violencia cit., p. 14].

176 Damonti, P./ Iturbide Rodrigo, R. / Amigot Leache, P. (2020). *Violencia contra las mujeres mayores* …cit., p. 121.

pérdida de capacidades cognitivas por parte del maltratador, se pueden aliviar a través del ámbito socio-sanitario, articulando los apoyos requeridos.

Otra medida puede ser *la curatela asistencial y/o representativa*. Como precisa el art. 250 V CC, la curatela es una "medida formal de apoyo que se aplicará (judicialmente) a quienes precisen el apoyo de un modo continuado. Su extensión vendrá determinada en la correspondiente resolución judicial en armonía con la situación y circunstancias de la persona con discapacidad y con sus necesidades de apoyo". Y solo procederá en defecto o insuficiencia de otra medida de apoyo de carácter voluntario o informal (art. 269 I CC)[177].

Por tanto, los principios que rigen la curatela son el principio de necesidad, subsidiariedad y proporcionalidad (arts. 249 y 250 V CC). De tal manera que, solo si existe la necesidad de apoyo continuado, no existieran o fueran insuficientes las medidas voluntarias o informales, o bien fuera imposible prestar el apoyo por el entorno social o familiar, la autoridad judicial deberá otorgar una curatela[178]. Por lo que el juez estará obligado a realizar un juicio o valoración sobre la necesidad de la medida[179].

---

177 Si la necesidad no es continuada sino "ocasional, aunque sea recurrente", la medida apropiada es el defensor judicial (art. 295 n.º 5 CC).

178 Pereña Vicente, M. (2022). "La curatela: los nuevos estándares de intervención, nombramiento, remoción y actuación tras la Ley 8/2021". *El nuevo sistema de apoyos a las personas con discapacidad y su incidencia en el ejercicio de su capacidad jurídica,* N. Álvarez Lata (coord.). Asociación de Profesores de Derecho Civil. Aranzadi. Navarra, p. 128, habla de la curatela como "último recurso".

179 Sancho Gargallo, I. (2022). "El juez en el nuevo sistema de apoyos". *El ejercicio de la capacidad jurídica por las personas con discapacidad tras la Ley 8/2021 de 2 de junio,* M. Pereña Vicente y M.M. Heras Hernández (dirs.). Tirant lo Blanch. Valencia, p.65.

Pueden ser curadores las personas mayores de edad que, a juicio de la autoridad judicial, sean aptas para el adecuado desempeño de su función. Así como también, las fundaciones y demás personas jurídicas sin ánimo de lucro, públicas o privadas, entre cuyos fines figure la asistencia a las personas con discapacidad y la promoción de su autonomía (art. 275.1 CC).

Para el nombramiento de curador se seguirán los trámites previstos en la Ley 15/2015, de 2 de julio, de la Jurisdicción Voluntaria [arts. 42 bis a) y siguientes]. Si existe oposición de la persona con discapacidad, del Ministerio Fiscal o de cualquier otra persona interesada en la adopción de medidas, el procedimiento dejará de ser de jurisdicción voluntaria (se archiva) y pasa a ser contencioso, resultando de aplicación entonces los arts. 756 a 763 LEC.

Este es el caso precisamente de la SAP de Alicante de 27 de abril de 2023 (TOL9.663.977), donde las pruebas practicadas evidenciaban que D. Onésimo precisaba la adopción de medidas judiciales de apoyo, en concreto una curatela. También resultó evidente que la convivencia que el mismo mantiene con su esposa (que estaba desempeñando el papel de guardadora de hecho hasta ese momento y era quien quería asumir su curatela), "es insostenible, habiéndose producido, incluso, episodios de violencia de género. En el acto de la vista, incluso, Dña. Estela llegó a manifestar que no quería convivir con su esposo, y que, si lo hacía, debía ser a cambio de una pensión compensatoria, manifestando asimismo D. Onésimo que no quería seguir conviviendo con ella. Dicha situación permite descartar la existencia de una guarda de hecho eficaz y adecuada y determina la necesidad de designar un curador". Por ello, dada la ausencia de otros familiares en situación de desempeñar la curatela, se acudió a la institución pública que en la Comunidad Valenciana se encarga de ello (el IVASS), como entidad encargada de la curatela asistencial y representativa de D. Onésimo, en función del acto concreto de que se trate[180].

Hay que recordar aquí que, de acuerdo con el Código civil, las medidas judiciales (como la curatela) o legales solo procederán en defecto o por insuficiencia de las medidas de apoyo voluntarias, constituidas en escritura pública. Por lo que otra posibilidad sería el otorgamiento de medidas de apoyo de carácter voluntario otorgadas ante notario por parte del marido, aliviando la situación de su mujer.

Si existiera riesgo grave para la mujer que pudiera poner en peligro su integridad física como consecuencia de la enfermedad de su marido o pareja, habrá que adoptar las medidas necesarias para protegerla. Una de ellas podría ser realizar *un internamiento forzoso o no voluntario* de aquel para impedir que se dañe a sí mismo o a terceros. La Ley 8/2021, a pesar de su importancia y amplitud, no ha venido a modificar lo dispuesto en el art. 763 LEC, que requiere autorización judicial para el internamiento no voluntario "por razón de trastorno psíquico", recabada del tribunal del lugar donde resida la persona afectada por el internamiento. Esta autorización es previa a dicho internamiento, salvo que, por "razones de urgencia hicieran necesaria la inmediata adopción de la medida". En este caso es el responsable del centro el que debe dar cuenta al tribunal competente del ingreso de esa persona lo antes posible y, en todo caso, dentro del plazo de 24 horas, para que el juez ratifique la medida, que

---

180 El IVASS gestiona una red de residencias para personas adultas con discapacidad intelectual que presenten necesidades de apoyo extenso y generalizado y que, a su vez, carezcan de apoyos adecuados que les permitan permanecer en su propio domicilio o en el domicilio familiar. También oferta un servicio de apoyo a personas que viven en sus propias viviendas, necesitando apoyos puntuales. https://www.ivass.gva.es/es/Arees/Persones-i-families/Residencies-i-vivendes.html. Recuperado el 14 de noviembre de 2023.

deberá efectuarse en el plazo máximo de 72 horas desde que el internamiento llegue a conocimiento del tribunal.

En este breve espacio de tiempo, el juez debe incoar un proceso con las garantías previstas en el art. 763.3 LEC. Por lo que, antes de conceder la autorización o ratificar el internamiento, tiene que oír a la persona afectada por la decisión, al Ministerio Fiscal y a cualquier otra persona que estime conveniente, además de examinar personalmente al ingresado. Debe también oír el dictamen de un facultativo por él designado (art. 763.3. LEC). Como ha señalado la doctrina, la norma está concebida para internamientos involuntarios de personas que padecen una enfermedad mental y necesitan con urgencia un tratamiento médico, por lo que tiene un marcado carácter temporal y una finalidad terapéutica[181].

Si la situación del maltratador no es la que precisa internamiento involuntario, pero existe riego para la mujer, esta podrá acudir, en primer lugar, a los centros de emergencia, donde las víctimas encuentran un alojamiento seguro e inmediato por un tiempo de unos dos meses (con variaciones de unas comunidades a otras), así como servicios de apoyo y orientación jurídica. En segundo lugar, estarían los centros o casas de acogida, donde la víctima podrá estar entre seis y doce meses

---

181 Navarro-Michel, M. (2019). “El ingreso involuntario en residencia geriátrica y la autorización judicial”. *Revista de Bioética y Derecho,* (45), p. 237, quien afirma, además, que el consentimiento de una persona mayor para ingresar en una residencia geriátrica solo se puede hacer con su consentimiento expreso y que la autorización judicial, en su caso, debería ser previa al ingreso a través de un procedimiento de modificación de la capacidad; y Serrano Ruiz-Calderón, M. y De Borja Langelaan Osset, F. (2023). “La Convención de las Naciones Unidas sobre los derechos de las personas con discapacidad de 13 de diciembre de 2006. Una aproximación crítica a su adaptación al Derecho español y su reflejo en la jurisprudencia”. *Cuadernos de Derecho Transnacional.* (15/2), p. 940.

en función del territorio. Y, por último, las viviendas tuteladas, que son alojamientos compartidos con otras mujeres[182].

Hay que tener en cuenta, además, que las mujeres mayores víctimas de violencia de género son consideradas colectivos prioritarios en el acceso a viviendas protegidas y residencias públicas para mayores (art. 28 LOVG).

En cualquier caso, si la mujer decide separarse o divorciarse de su maltratador, operaría el art. 96. 2.º CC, donde el juez, en defecto de acuerdo de los cónyuges, atribuirá el uso de vivienda familiar y de los objetos de uso ordinario que en ella se encuentren al cónyuge no titular "más necesitado de protección", siempre que, atendidas las circunstancias lo hicieran aconsejable[183].

La LOVG introduce una medida excepcional que puede autorizar el juez a la persona protegida por una orden de protección y consiste en la posibilidad de concertar, con una agencia o sociedad pública allí donde la hubiere y que incluya entre sus actividades la del arrendamiento de viviendas, la permuta del uso atribuido de la vivienda familiar de la que sea copropietaria la víctima (junto con su maltratador), por el uso de otra vivienda, durante el tiempo y en las condiciones que se determinen (art. 64.2 LOVG). Se ha criticado con razón, sin embargo, que se excluya como beneficiarios de esta medida a la víctima no propietaria del inmueble y que ostenta un derecho de uso en virtud de otros títulos (contrato de arrendamiento, precario, usufructo o incluso en virtud de la sentencia de separación o

---

182 Macho Carro, A. (2022). "Violencia de género y derecho a la vivienda: análisis multinivel del caso español" *IgualdadEs,* 7, pp. 532-533.

183 Conforme al art. 96 3.º CC para disponer de la vivienda cuyo uso haya sido atribuido por el juez, es preciso el consentimiento de ambos cónyuges o, en su defecto, autorización judicial. Para su oponibilidad frente a terceros y evitar así el juego del art. 34 LH, será necesaria la inscripción del derecho de uso en el Registro de la Propiedad a favor del *ex* cónyuge no titular.

divorcio), necesitada igualmente de protección en estos casos frente a las agresiones de su pareja o expareja[184].

4. La situación de la mujer como persona que debe ser cuidada

La salud de las personas mayores está muy relacionada con la forma en la que han vivido toda su vida. Por lo que las mujeres que han sufrido situaciones de violencia durante largos periodos de tiempo pueden tener graves problemas de salud, no solo físicos (problemas de movilidad, dolores crónicos), sino también psicológicos (depresión, estrés postraumático, baja autoestima...)[185]. El proceso de deterioro físico y el propio proceso de envejecimiento, puede generar un escenario en el cual la mujer precise de cuidados específicos.

En una buena parte de estos casos, las tareas de atención y cuidado serán cubiertas por su pareja. En este contexto en el que está presente la necesidad de cuidados, el cuidador osten-

---

184 Álvarez Álvarez, H. (2009). "La víctima de violencia de género y la atribución de la vivienda familiar". *Tutela jurisdiccional frente a la violencia de género: aspectos procesales, civiles, penales y laborales,* M. De Hoyos Sancho (dir.). Lex Nova. Valladolid, pp. 274-275; y Solé Resina, J. (2006). "El papel del Derecho Civil en la lucha contra la violencia de género". *Libro-Homenaje al Profesor Manuel Amorós Guardiola.* I. Centro de Estudios. Madrid, pp. 1809-1810.

185 De hecho, de los datos para la población general que realizó la *Encuesta nacional de Salud* en 2017, en el análisis del estado de salud percibido según el sexo y el grupo de edad, y referido concretamente a las mujeres mayores de 65 años, se observa que las víctimas de violencia de género manifiestan una peor salud, valorándola como "mala" o "muy mala" en cinco puntos porcentuales más que la media de la población femenina de la misma edad. https://www.sanidad.gob.es/estadEstudios/estadisticas/encuestaNacional/home.htm. Recuperado el 14 de noviembre de 2023.

ta una posición de garante respecto de la protección de los bienes jurídicos más primarios de la víctima (como su integridad física y moral). Y pueden surgir formas de violencia, que tengan su origen en la sobrecarga o "estrés del cuidador" o bien simplemente perpetúen una situación anterior de violencia de género, donde el agresor puede utilizar la edad de la víctima como una forma de ejercer un mayor control sobre ella, explotando su mayor vulnerabilidad, sin que se detecte esta situación o sin que la propia víctima se atreva a denunciarla, ante el escenario de desprotección en el que se quedaría.

Diversos estudios muestran cómo a menudo se confunde la violencia de género contra mujeres mayores, con la violencia ejercida por el cuidador en relación con una persona mayor, cuando éste es el marido o pareja, asociando de esta forma erróneamente la situación de maltrato que puede sufrir la mujer con el llamado "estrés del cuidador" y justificando de alguna manera la forma que tiene el agresor de tratar a su mujer[186]. Como apuntan estos estudios[187], si no se detecta bien el caso y se confunde una situación de violencia de género, que puede venir de lejos, con el estrés del cuidador, la respuesta institucional puede tener consecuencias muy negativas para ella, ya que los recursos de atención pueden optar por dar más apoyos al maltratador (con terapias y apoyo psicológico), entendiendo que está siendo "sobrecargado", y desatender a la verdadera víctima[188].

---

186 Straka, S. M. / Montminy, l. (2006). "Responding to the Needs of Older Women Experiencing Domestic Violence". *Violence Against Women,* 12(3), p. 253. http://doi.org/10.1177/1077801206286221. Recuperado el 14 de noviembre de 2023.

187 Straka, S. M. / Montminy, l. (2006). *Ibid.*, p. 254; y Gracia Ibáñez, J. (2012). "La violencia de género...", cit., p. 310-314.

188 Nótese aquí que el Comité sobre los Derechos de las Personas con Discapacidad de Naciones Unidas recomendó a España que adoptase las medidas apropiadas para combatir la violencia a las mujeres con discapacidad psicosocial y para prevenir, investigar y ofrecer reparaciones

4.1. Medidas de apoyo informales y voluntarias

Los apoyos informales que prevé la Ley pueden ser una vía importante para salir de la situación de maltrato de la mujer con alguna discapacidad. Entre ellos, la existencia de un guardador de hecho distinto del maltratador, que puede ser un hijo o un familiar (art. 250 IV CC)[189].

Para constituirse en guardador de hecho no se requiere ningún acto especial, ni judicial ni notarial, es una situación de hecho elegida entre el guardador y el guardado. La función del guardador consistirá en asistir a la mujer en todo lo que precise, respetando su voluntad, deseos y preferencias en su propio proceso de toma de decisiones (art. 249 II CC).

El guardador puede actuar en la vida ordinaria de la persona a la que presta apoyo. En la práctica, el desempeño habitual de esta figura se centra principalmente en actos de naturaleza personal, precisos para el cuidado, atención y sustento de la perso-

---

por las violaciones de sus derechos humanos. Recomendación que se ha intentado incorporar a nuestro ordenamiento con la LO 10/2022.

189 Una de las cuestiones más problemáticas que presenta esta figura es la de su acreditación. Podrá hacerse a través del libro de familia, un certificado de empadronamiento, documentos que acrediten convivencia, un acta de notoriedad, la declaración responsable para la solicitud del reconocimiento de la situación de dependencia ante los servicios sociales o una manifestación de la propia persona con discapacidad, si está en condiciones de manifestarla, entre otras. También se deberá acreditar que la persona a la que se presta apoyo tiene algún tipo de limitación en el ejercicio de su capacidad jurídica, con un certificado médico o un informe social que recoja esta circunstancia [siguiendo en este punto a Sotomayor Alarcón, N. / Abascal Monedero, P.J. / Chicharro Rodríguez, P. / Nieto-Morales, C. (2023). *Medidas de apoyo a personas con discapacidad. Nueva regulación a la luz de la Ley 8/21, de 2 de junio, por la que se reforma la Legislación Civil y Procesal para el apoyo a las Personas con Discapacidad en el ejercicio de su Capacidad Jurídica*, 2.ª ed. Dykinson. Madrid, pp. 114-115].

na con discapacidad, pero también para actos patrimoniales de administración ordinaria[190]. No siendo necesaria autorización judicial cuando el guardador de hecho "*solicite una prestación económica* a favor de la persona con discapacidad, siempre que esta no suponga un cambio significativo en la forma de vida de la persona, o realice actos jurídicos sobre bienes de esta que tengan escasa relevancia económica y carezcan de especial significado personal o familiar" (art. 264 III CC). Por lo que entiendo que el guardador de hecho podrá solicitar las ayudas sociales que le correspondan a la mujer como víctima de la violencia de género o las ayudas que ofrece la Ley de Dependencia.

Cuando el asunto tiene cierta transcendencia económica y en cualquier caso para los actos enumerados en el art. 287 CC[191] (art. 264 I y II CC), no será preciso que se abra un pro-

---

190 Díaz Pardo, G. (2022). "Nuevo horizonte de la guarda de hecho como institución jurídica de apoyo tras la reforma introducida por la Ley 8/2021, de 2 de junio". *El ejercicio de la capacidad jurídica por las personas con discapacidad tras la Ley 8/2021 de 2 de junio,* M. Pereña Vicente y M.M. Heras Hernández (dirs.). Tirant lo Blanch. Valencia, p. 318.

191 Estos actos son los mismos en los que el curador con funciones de representación necesita también autorización judicial. Entre ellos se encuentra: 1.º Realizar actos de transcendencia personal o familiar cuando la persona afectada no pueda hacerlo por sí misma. 2.º Enajenar o gravar bienes inmuebles, establecimientos mercantiles o industriales, bienes o derechos de especial significado personal o familiar, bienes muebles de extraordinario valor, dar inmuebles en arrendamiento por término inicial que exceda de seis años, o celebrar contratos o realizar actos que tengan carácter dispositivo y sean susceptibles de inscripción. 3.º Disponer a título gratuito de bienes o derechos de la persona con medidas de apoyo, salvo que tengan escasa relevancia económica. 4.º Renunciar derechos, así como transigir o someter a arbitraje cuestiones relativas a los intereses de la persona con apoyos. 5.º Aceptar sin beneficio de inventario cualquier herencia o repudiar esta o las liberalidades. 6.º Hacer gastos extraordinarios en los bienes de la persona a la que presta apoyo. 7.º Interponer demanda en nombre de la persona a la que presta

ceso general de provisión de apoyos judiciales, sino que resulta suficiente que el guardador de hecho solicite la autorización judicial para el caso concreto a través del correspondiente expediente de jurisdicción voluntaria (art. 52 LJV)[192].

La guarda de hecho es una medida compatible con otras de carácter judicial o voluntario. En cuanto a estas últimas, cabe señalar que la mujer mayor víctima de malos tratos puede también determinar ante notario quién puede prestarle apoyo y el alcance de las funciones de la persona de apoyo (art. 258 III CC). Esto es, puede concretar medidas atinentes al cuidado de su persona, pero también en el orden patrimonial. Podrá otorgar, además, un poder o mandato preventivo a favor de la persona que le va a prestar apoyo, que puede ser un poder preventivo *ad cautelam* con cláusula de subsistencia o continuidad, si en el futuro precisa apoyo en el ejercicio de su capacidad (art. 256 CC); o bien un poder preventivo puro otorgado para entrar en vigor solo cuando la mujer "precise apoyo" (art. 257 CC). Es lo que se conoce como *acuerdo de apoyos*, que no está sujeto a control judicial, pero sí notarial.

El apoderado podrá realizar cualquier acto para el que ha sido autorizado, siendo conveniente que se incluyan instrucciones para su actuación. Pues como señala el Código "cualquier medida de apoyo voluntaria podrá ir acompañada de las salvaguardas necesarias para garantizar en todo momento y ante cualquier circunstancia el respeto a la voluntad, deseos y preferencias de la persona" (art. 250 III CC). Si el poder comprende

---

apoyo, salvo en asuntos urgentes o de escasa cuantía. 8.º Dar y tomar dinero a préstamo y prestar aval o fianza. 9.º Celebrar contratos de seguro de vida, renta vitalicia y otros análogos, cuando estos requieran de inversiones o aportaciones de cuantía extraordinaria.

192 Sobre las facultades asistenciales y representativas del guardador de hecho *vid.* con más detalle, De Verda y Beamonte, J.R. (2022). "La guarda de hecho...", cit., pp. 98-109.

todos los negocios de la mujer, el apoderado, sobrevenida la necesidad de apoyo, quedará sujeto a las reglas aplicables a la curatela en todo aquello no previsto en el poder, salvo que la poderdante haya determinado otra cosa (art. 259 CC).

Es importante tener presente que las mujeres mayores que precisen apoyos y vivan en un entorno de violencia pueden adoptar una decisión bajo la influencia indebida de su maltratador. Resulta aquí relevante la intervención notarial. El art. 250 CC impone al Notario en la determinación de las medidas voluntarias de apoyo que procure evitar situaciones en las que se puedan producir conflictos de intereses e influencia indebida. También deberá hacerlo la autoridad judicial cuando resuelva sobre la procedencia de la autorización judicial solicitada por el guardador de hecho.

El notario debe realizar un juicio de capacidad de la persona que quiere otorgar los apoyos (arts. 25 LN). Para formarse su juicio facilitará los ajustes necesarios y podrá solicitar información particular sobre sus condiciones de vida o sobre su entorno familiar o de convivencia; entrevistarse con su cónyuge o pareja; o solicitar informes médicos o de servicios sociales, siendo conveniente levantar acta, antes del otorgamiento, donde se reflejen los informes sociales o documentos complementarios y la ayuda de las personas que presten su apoyo para que la persona con discapacidad pueda entender y ser entendida[193]. Y si aprecia que la mujer no puede otorgar los apoyos libremente, no autorizará la escritura pública de acuerdo de apoyos (art. 1261 CC)[194].

Con la intervención y el asesoramiento del notario, la mujer podrá decidir cuáles son las medidas de apoyo más adecuadas

---

193 De acuerdo con la Circular Informativa 3/2021, de la Comisión Permanente del Consejo del Notariado, de 27 de septiembre, sobre el ejercicio de su capacidad jurídica por las personas con discapacidad.

194 Barrio del Olmo, C.P. (2022). "La función notarial tras la entrada en vigor de la Ley 8/2021". *Problemática jurídica de las personas con discapacidad intelectual*, R.M.ª. Moreno Flórez (dir). Dykinson. Madrid, p. 20.

para el acto que va a realizar. Por lo que "el notario deberá procurar, mediante el oportuno asesoramiento, que las medidas de apoyo voluntarias, por ejemplo, los poderes preventivos, no supongan una autoincapacitación de la persona"[195], pudiéndola perjudicar en un futuro.

Las medidas de apoyo voluntarias otorgadas en escritura pública se inscribirán en el Registro civil (arts. 260 y 300 CC).

En algunas ocasiones la mujer que necesita apoyos puede buscarlos fuera, contratando los cuidados que precisa a través del ingreso en un centro residencial. En estos casos habrá que ver, por un lado, si la contratación de estos servicios corresponde a su voluntad, deseos y preferencias. Y, por otro, que estamos ante un acto personalísimo que afecta al derecho fundamental a la libertad, lo que obliga a valorar la capacidad precisa para realizarlo en el mismo momento de la contratación[196]. Si la mujer hubiera expresado su voluntad favorable al ingreso en el acuerdo de apoyos, habría que dar prioridad al mismo.

Hay que tener en cuenta, por último, que de acuerdo con el art. 250 *in fine* CC, no pueden ejercer medidas de apoyo quienes, en virtud de una relación contractual, presten servicios asistenciales, residenciales o de naturaleza análoga a la persona que precisa apoyo.

4.2. Medidas judiciales y legales de apoyo

La autoridad judicial también podrá constituir una medida formal de apoyo como es la curatela (y nombrar un curador) cuando no exista otra medida de apoyo suficiente (art. 269 I CC) y siempre que no se hayan previsto medidas de apoyo

---

195 Barrio del Olmo, C.P. (2022). *Ibid.*, p. 22.

196 Leciñena Ibarra, A. (2023). "Breve apunte…", cit., p. 4.

voluntarias (art. 249.I CC). Por ello se considera —como decíamos en líneas anteriores— a la curatela como una medida excepcional y subsidiaria, que solo procede en defecto de las medidas de carácter voluntario y de la existencia de una guarda de hecho que funcione adecuadamente.

Si hubiera necesidad de tomar medidas urgentes de protección y la persona carezca de un guardador de hecho, el apoyo se prestará de modo provisional por la entidad pública que en el respectivo territorio tenga encomendada esta función, que deberá dar conocimiento de esta situación al Ministerio Fiscal en el plazo de 24 horas (art. 253 CC). Se trata en este caso de una medida de apoyo de origen legal.

Volviendo a las medidas de apoyo de carácter judicial, podrán solicitarlas el Ministerio Fiscal, la propia persona con discapacidad, su cónyuge no separado legalmente o de hecho o quien se encuentre en una situación de hecho asimilable, sus descendientes, ascendientes o hermanos [art. 42 bis a).3 LJV] y el propio guardador de hecho. El Ministerio Fiscal será el encargado de solicitar la curatela cuando no haya nadie que la promueva [art. 42 bis a).3 Ley de Jurisdicción Voluntaria].

Con la solicitud de medidas judiciales se acompañarán los documentos que acrediten la necesidad de adopción de medidas de apoyo, así como un dictamen pericial de los profesionales especializados de los ámbitos social y sanitario, que aconsejen las medidas de apoyo que resulten idóneas en cada caso concreto [art. 42 bis b). 1 LJV]. La reforma sobre la discapacidad concede una importancia decisiva a los informes que deben servir para adoptar la decisión por parte de la autoridad judicial. La información debe ir más allá de un mero diagnóstico e indagar en profundidad en qué aspectos la persona necesita apoyos, cuál es el mecanismo más adecuado, su alcance y de qué manera se deben conjugar estos apoyos para ser lo más fieles posibles a la voluntad, deseos y preferencias de la persona con discapacidad[197].

Admitida a trámite la solicitud por el letrado de la Administración de Justicia, se convocará a la comparecencia al Ministerio Fiscal, a la persona con discapacidad, a su cónyuge no separado legalmente o de hecho o a quien se encuentre en una situación de hecho asimilable, a sus descendientes, ascendientes o hermanos [art. 42 bis b). 2 LJV].

La autoridad judicial, antes de la comparecencia, también puede recabar un informe de la entidad pública que tenga encomendada la asistencia a las mismas "o de una entidad del tercer sector de acción social debidamente habilitada como colaboradora de la Administración de Justicia"[198] [art. 42 bis b). 2 LJV]; así como también puede ordenar un examen pericial si lo considera necesario. En la comparecencia, la autoridad judicial, además, *debe* (es una obligación, no una facultad) celebrar una entrevista con la persona con discapacidad, para conocer su situación real, que puede completarse con otras con familiares cercanos, vecinos o amigos [art. 42 bis b). 3 LJV].

Estos informes (tanto el informe social como el facultativo), la entrevista y las comparecencias que se hayan realizado, pueden poner de manifiesto la situación real en la que se en-

---

197 Sotomayor Alarcón, N. / Abascal Monedero, P.J. / Chicharro Rodríguez, P. / Nieto-Morales, C. (2023). *Medidas de apoyo*..., cit., p. 106.

198 La Ley 42/2015, de 9 de octubre, del Tercer Sector de Acción Social las define como "aquellas organizaciones de carácter privado, surgidas de la iniciativa ciudadana o social, bajo diferentes modalidades, que responden a criterios de solidaridad y de participación social, con fines de interés general y ausencia de ánimo de lucro, que impulsan el reconocimiento y el ejercicio de los derechos civiles, así como de los derechos económicos, sociales o culturales de personas y grupos que sufren condiciones de vulnerabilidad o que se encuentran en riesgo de exclusión social", como serían Asociaciones y Fundaciones (art. 2.1).

cuentra la mujer mayor con alguna discapacidad que puede necesitar medidas de apoyo y se encuentra viviendo en una situación de maltrato por parte de su marido o pareja. A la vista de su situación, el juez puede informarle de las alternativas existentes para obtener el apoyo que precisa [bien mediante su entorno social o comunitario, bien mediante el otorgamiento de medidas de apoyo de naturaleza voluntaria, art, 42 bis b).3 LJV]. Si la persona optara por una medida alternativa de apoyo, se pondrá fin al expediente [art. 42 bis b). 4 LJV][199].

La curatela es una medida formal de apoyo que aplicará el juez si considera que la persona precisa un apoyo de modo continuado y las otras alternativas no son viables (art. 250 V CC). Su extensión vendrá determinada en la correspondiente resolución judicial en armonía con su situación y circunstancias y con sus necesidades de apoyo (arts. 250 V y 269 II CC). La curatela podrá ser meramente asistencial y/o representativa, si la persona con discapacidad requiere representación. Por lo que puede haber curatelas mixtas. La ley prevé, además, la coexistencia entre las medidas de apoyo voluntarias y las judiciales, pues el apoderado nombrado por la persona con discapacidad puede coexistir con un curador.

El juez preferirá nombrar como curador a quien haya sido propuesto por la persona que precise apoyo (lo que se conoce como autocuratela) y solo podrá prescindir total o parcialmente de estas disposiciones voluntarias mediante resolución motivada, si existen circunstancias graves o desconocidas por la persona que las estableció o alteración de las causas (art. 272 CC). Habrá que tener en cuenta que, si se detecta un caso de violencia de género, el cónyuge o quien se encuentre en situa-

---

199 Es lo que Guilarte Martín-Calero, C. (2022). "Las grandes líneas…", cit., 63 ha venido en llamar "pasarelas a la autodeterminación", que el legislador impone al juez que conoce el expediente de provisión de medidas judiciales de apoyo.

ción de hecho asimilable deberá ser excluido por el juez en el nombramiento de curador (arts. 276 y 272 CC).

El curador nombrado por el juez procurará que la persona con discapacidad pueda desarrollar su propio proceso de toma de decisiones y fomentará sus aptitudes para que pueda ejercer su capacidad con menos apoyos en el futuro (art. 282 IV y V CC).

Las medidas de apoyo adoptadas judicialmente, sea en expediente de jurisdicción voluntaria, sea en el procedimiento jurisdiccional contencioso, deberán ser revisadas periódicamente en un plazo máximo de tres años. No obstante, la autoridad judicial, de manera excepcional y motivada, puede en el procedimiento de provisión o, en su caso, de modificación de apoyos, establecer un plazo de revisión superior, que no podrá exceder de seis años (art. 268 II CC). "Sin perjuicio de lo anterior, las medidas de apoyo adoptadas judicialmente se revisarán, en todo caso, ante cualquier cambio en la situación de la persona que pueda requerir una modificación de dichas medidas" (art. 268 III CC), como puede ser la existencia de una situación de violencia de género[200].

4.3. El deber de alimentos de los hijos hacia su madre

Los centros residenciales para personas mayores no siempre son el lugar adecuado para las mujeres que se encuentren en plenas facultades físicas y psíquicas y quieran vivir de una manera independiente, pero no cuenten con los recursos o ayudas suficientes para ello. En estos casos, si la mujer no cuenta con los recursos

---

200 La revisión se efectúa, en principio, a través de un expediente de jurisdicción voluntaria regulado en el art. 43 bis c) LJV. Puede solicitar la revisión cualquiera de los legitimados para solicitar las medidas de apoyo y, además, la persona que ejerza el apoyo.

económicos suficientes, se debería activar el deber de alimentos entre parientes previsto en los arts. 142 a 153 del Código civil.

El derecho de alimentos entre parientes, "si lo concebimos abstractamente como el derecho a reclamar auxilio para la subsistencia si lo llegare a precisar una persona por estar comprometida su vida"[201], es un derecho ligado a la personalidad. Y desde luego, vivir de forma independiente y al margen de su maltratador es una situación de necesidad, que puede comprometer la vida de la mujer.

Estamos ante un derecho personalísimo o *intuitu personae*, fundamentado en vínculos de parentesco, cuyo contenido se concreta mediante la fijación de una pensión o un mantenimiento *in natura*, cuantificables económicamente. Como consecuencia lógica del carácter personalísimo del derecho de alimentos y de su vinculación a las necesidades del alimentista y a la capacidad económica del alimentante, el art. 151 CC lo configura como un derecho irrenunciable e intransmisible.

Los obligados a la prestación de alimentos son, en este orden, el cónyuge, los descendientes (de grado más próximo), los ascendientes (también de grado más próximo) y los hermanos (art. 144 CC). Entre descendientes y ascendientes el párrafo final del art. 144 establece que "se regulará la gradación por el orden en que sean llamados a la sucesión legítima de la persona que tenga derecho a los alimentos"[202]. Bajo mi punto de vista, en situaciones

---

201 Cabezuelo Arenas, A.L. y Castilla Barea, M. (2011). "La obligación de alimentos como obligación familiar básica". *Tratado de Derecho de Familia.* Vol. I. M. Yzquierdo Tolsada y M. Cuena Casas. Aranzadi. Cizur Menor (Navarra), pp. 194-195, línea seguida también por la jurisprudencia del TS.

202 La aplicación de esta remisión puede dar lugar a diversos problemas, por cuanto las normas sucesorias no contemplan su aplicabilidad en esta materia. *Vid.* aquí, Jiménez Muñoz, F.J. (2006). "La regulación española de la obligación legal de alimentos entre parientes". *Anuario de Derecho Civil,* (59), pp. 759-760.

de violencia contra la mujer, esta quedaría liberada de tener que reclamarle antes los alimentos a su cónyuge, pudiendo hacerlo directamente a sus hijos. Si hubiera varios obligados, se repartirá entre ellos el pago de la pensión en proporción a su caudal respectivo (art. 145 I CC). El alimentante que abone la totalidad de los alimentos, siendo varios los obligados, tendría una acción de regreso frente a los demás codeudores (arts. 1158 y 1138 CC).

La obligación de alimentos nace desde que concurren los requisitos legales: el estado de necesidad del alimentista y la suficiencia patrimonial del o los alimentantes. Y su cuantía será proporcional al caudal o medios de quien los da y a las necesidades de quien los recibe (art. 146 CC). Cuando los obligados realizan un cumplimiento voluntario (porque, por ejemplo, ven que realmente su madre lo necesita), este es válido y eficaz, habiéndose hecho un cumplimiento de una obligación moral y legal. Pero si el o los alimentantes no cumplen voluntariamente, la obligación de alimentos podrá reclamarse judicialmente.

El contenido de la obligación de alimentos viene concretado en el art. 142 CC, de acuerdo con el cual: "Se entiende por alimentos todo lo que es indispensable para el sustento, habitación, vestido y asistencia médica".

El art. 149 CC fija distintas maneras de prestar la obligación de alimentos a elección del obligado u obligados. Por una parte, se puede pagar la pensión que se fije, pero por otra, también puede elegir recibir y mantener al alimentista (la madre) en casa del alimentante. Si fueran varios los hijos, la situación del progenitor necesitado de alimentos se puede complicar, si aquellos deciden turnarse en su acogimiento. Esta rotación puede resultar perturbadora, cuando supone un cambio frecuente de casa, lo que puede afectar a su entorno social y a su estabilidad. Por lo que los hermanos podrían acordar que la madre permanezca en casa de uno de ellos, contribuyendo los demás con su obligación de alimentos en la parte proporcional que les corresponda en forma de pensión económica.

En mi opinión, lo más conveniente en situaciones de violencia de género será la salida del maltratador del domicilio conyugal y que la mujer pueda permanecer en su propia casa, con sus hábitos y su forma de vida, y pueda recibir las ayudas a las que tiene derecho como víctima de violencia de género. Sería aconsejable, además, iniciar un proceso de separación o divorcio, solicitar la correspondiente pensión compensatoria, junto a la acción civil de reclamación por los daños y perjuicios sufridos. Pero si no está dispuesta a ello, los hijos deberían contribuir económicamente en aquellos servicios necesarios para su cuidado, en virtud de su obligación moral y legal de alimentos.

A la vista de todo lo expuesto podemos concluir que la dificultad que tiene la mujer de romper con el círculo del maltrato se hace más evidente y se complica cuando es mayor. Por lo que les hace un grupo especialmente vulnerable a las situaciones continuadas de violencia ejercida sobre ellas, donde no solo la Administración debe proveer de mecanismos para asesorarles sobre sus derechos y poner a su disposición los recursos legales previstos para su protección, sino que también deben de contar con las redes familiares. La solidaridad familiar se torna en estas situaciones difíciles fundamental para que la mujer maltratada pueda empezar con su segunda vida.

BIBLIOGRAFÍA

Algarra Prats, E. (2012). "Incumplimiento de deberes conyugales y responsabilidad civil". *La responsabilidad civil en las relaciones familiares,* J.A. Moreno Martínez (coord.). Dykinson, 11-60.

Álvarez Álvarez, H. (2009). "La víctima de violencia de género y la atribución de la vivienda familiar". *Tutela jurisdiccional frente a la violencia de género: aspectos procesales, civiles, penales y laborales,* M. De Hoyos Sancho (dir.). Lex Nova. Valladolid, 261-280.

Álvarez Olalla, P. (2020). *Violencia de género y responsabilidad civil.* Reus. Madrid, 2020.

- (2023). "Criterios para la atribución de la pensión compensatoria. Comentario a la STS de 28 de noviembre de 2022". *Cuadernos Civitas de Jurisprudencia Civil* (122).

- (2023). "Perspectiva de género en el ámbito del derecho civil". *Economía. Revista en Cultura de la Legalidad,* (25), 375-385.

Álvarez Suárez, L. (2020). "El resarcimiento del daño moral a las víctimas de delitos de violencia de género en el ordenamiento jurídico español". *Revista de Ciencias Sociales: Facultad de Derecho,* (77), 54-8.

Asensi Pérez, L.F. (2008). "La prueba pericial psicológica en asuntos de violencia de género". *Revista Internauta de Práctica Jurídica,* (21), 15-19.

Barceló Doménech, J. (2016). "La responsabilidad por dolo en las relaciones familiares". *Actualidad Jurídica Iberoamericana* (4 ter), 284-309.

Barrientos Zamorano, M. (2007). *El resarcimiento por daño moral en España y Europa.* Ratio Legis. Salamanca.

Barrio del Olmo, C.P. (2022). "La función notarial tras la entrada en vigor de la Ley 8/2021". *Problemática jurídica de las personas con discapacidad intelectual,* R.M.ª. Moreno Flórez (dir). Dykinson. Madrid, 19-35.

Benítez Jiménez, M.J. (2004). *Violencia contra la mujer en el ámbito familiar. Cambios sociales y legislativos,* Edisofer, Madrid.

Bermúdez, M.P. / Matud, M.P. / Navarro Mantas, l. (2009). "Consecuencias del maltrato a la mujer por su pareja". *Violencia de género. Tratado psicológico y legal,* F. Fariña / R. Arce / G. Buela-Casal (eds.). Biblioteca Nueva. Madrid, 109-118.

Bilbao Berset, J. (2014). *La* vis atractiva *de los Juzgados de Violencia sobre la Mujer.* Atelier, Barcelona.

Bonilla Correa, J.A. (2012). "La responsabilidad civil en los delitos de violencia de género". *Responsabilidad civil en el ámbito de las relaciones familiares,* J.R. de Verda y Beamonte (coord.). Aranzadi. Cizur Menor (Navarra), 175-210.

Cabezuelo Arenas, A.L. y Castilla Barea, M. (2011). "La obligación de alimentos como obligación familiar básica". *Tratado de Derecho de Familia.* Vol. I. M. Yzquierdo Tolsada y M. Cuena Casas. Aranzadi. Cizur Menor (Navarra), 193-318.

Casals Fernández, A. (2019). "El síndrome de la mujer maltratada: medidas de prevención e intervención". *Tratado sobre la igualdad jurídica y social de la mujer en el siglo XXI,* M.B. Fernández González (coord.). Dykinson, Madrid, 327-338.

Cassano, G. (2008). *Danno non patrimoniale nel Diritto di famiglia dopo le Sezione Unite.* Maggioli. República de San Marino.

Celdrán, M. (2013). "La violencia hacia la mujer mayor: revisión bibliográfica". *Papeles del Psicólogo,* (34/1), pp. 57-64.

Clemente Meoro, M.E. (2021). "Responsabilidad civil por ilícito civil y por ilícito penal y dualidad de jurisdicciones". *Derecho de daños,* Tomo I, M.E. Clemente Meoro y M.ª E. Cobas Cobiella (dirs.). Tirant lo Blanch. Valencia, 95-191.

Corcoy Bidasolo, M. / Mir Puig, S. (2011). *Comentarios al Código Penal. Reforma LO 5/2010.* Tirant lo Blanch. Valencia.

Cuenca Gómez, P. (2012). *Los derechos fundamentales de las personas con discapacidad. Un análisis a la luz de la Convención de la ONU,* Cuadernos de la Cátedra de Democracia y Derechos Humanos, n.º 7. Universidad de Alcalá. Madrid.

Damonti, P./ Iturbide Rodrigo, R. / Amigot Leache, P. (2020). *Violencia contra las mujeres mayores. Interacción del sexismo y edadismo.* Instituto Navarro para la Igualdad. https://www.navarra.es/documents/48192/5564564/04112020_Violencia+contra+las+mujeres+mayores.+Interacci%C3%B3n+del+sexismo+y+edadismo.pdf. Recuperado el 14 de noviembre de 2023.

Delegación del Gobierno para la Violencia de Género. (2017). *Estudio sobre las mujeres mayores de 65 años víctimas de violencia de género,* realizado por Cruz Roja Española [J. Aycart, S. Gende, G. Malgesini, S. Monteros, Silvia y M. Nebreda, con apoyo de la Universidad Carlos III de Madrid (P. Gil, A. Gránea, y P. Romera)]. Ministerio de Presencia, relaciones con las Cortes e Igualdad. Madrid. https://violenciagenero.igualdad.gob.es/violenciaEnCifras/estudios/investigaciones/2019/estudio/Estudio_VG_Mayores_65.htm. Recuperado el 14 de noviembre de 2023.

Delegación del Gobierno para la Violencia de Género (Ministerio de Igualdad). (2020). *Macroencuesta de Violencia contra la Mujer 2019*. https://violenciagenero.igualdad.gob.es/violenciaEnCifras/macroencuesta2015/pdf/Macroencuesta_2019_estudio_investigacion.pdf. Recuperado el 14 de noviembre de 2023.

Del Pozo Pérez, M. (2019). "El pacto de Estado contra la violencia de género: justificación, génesis y primeras consecuencias". *Retos actuales para la erradicación de la desigualdad y la violencia de género*, A. Figueruelo y M. Del Pozo (dirs.) y P. Ramos (coord.), Tirant lo Blanch, 247-262.

De Verda y Beamonte, J.R. (2007). "Responsabilidad civil y divorcio en el derecho español: resarcimiento del daño moral derivado del incumplimiento de los deberes conyugales". *La Ley*, D-70.

- (2022). "La guarda de hecho de las personas con discapacidad". *El nuevo sistema de apoyos a las personas con discapacidad y su incidencia en el ejercicio de su capacidad jurídica*, N. Álvarez Lata (coord.), Asociación de Profesores de Derecho Civil. Aranzadi. Navarra, 81-123.

De Verda y Beamonte, J.R. / Chaparro Matamoros, P. (2012). "Responsabilidad civil por incumplimiento de los deberes conyugales". *Responsabilidad civil en el ámbito de las relaciones familiares*, J.R. de Verda y Beamonte (coord.). Aranzadi. Cizur Menor (Navarra), 103-174.

Díaz Pardo, G. (2022). "Nuevo horizonte de la guarda de hecho como institución jurídica de apoyo tras la reforma introducida por la Ley 8/2021, de 2 de junio". *El ejercicio de la capacidad jurídica por las personas con discapacidad tras la Ley 8/2021 de 2 de junio*, M. Pereña Vicente y M.M. Heras Hernández (dirs.). Tirant lo Blanch. Valencia, 307-340.

Díez-Picazo, L. (2008). *El escándalo del daño moral*. Thomson-Civitas. Cizur Menor (Navarra).

Facci, G. (2009). *I nuovi danni nella famiglia che cambia*, Nuovi percorsi di diritto di Famiglia, M. Sesta (dir.). IPSOA. Milano.

Fayos Gardó, A. (2011). "Daños morales en las relaciones familiares: derecho de familia o de la responsabilidad civil. Una perspectiva española y norteamericana", *Actualidad Civil*, (14), 1562-1570.

Fernández Nieto, J. (2022). "Dispensa del deber de declarar del art. 416 LECrim: el camino que queda por andar". *La Ley Derecho de familia*, (36), 39-52.

Ferri Fuentevilla, E. (2017). "El daño social como concepto indemnizable en víctimas de accidentes de circulación". *TSDifusion*, (124), 22-26.

https://trabajosocialsevilla.es/wp-content/uploads/2019/10/2017_dic_TSD124.pdf. Recuperado el 14 de noviembre de 2023.

Fiscalía General del Estado (2022). *Conclusiones del XVII Seminario de Fiscales Delegados en Violencia sobre la Mujer*, celebrado los días 28 y 29 de noviembre de 2022. Madrid. https://observatorioviolencia.org/conclusiones-del-xvii-seminario-de-fiscales-delegados-en-violencia-sobre-la-mujer-2022/. Recuperado el 14 de noviembre de 2023.

Fraccon, A. (2003). *Relazioni familiari e responsabilità civile*, Guiffrè, Milán.

Fuentes Soriano, O. (2017). "Sobre la mediación penal y su prohibición en violencia de género". *Estudios sobre mediación y arbitraje desde una perspectiva procesal*, R. Castillo Felipe y S. Tomás Tomás (coords.) y J. Sigüenza López y G. García-Rostán (dirs.). Thomson Reuters Aranzadi. Pamplona, 239-280.

Gallardo García, R.M. / Gómez López, M.R. (2021). "Sobre la necesidad de reflexión criminológica en las propuestas de política criminal ante los factores discapacidad y edad en las mujeres maltratadas". *Mujeres especialmente vulnerables ante la violencia de género: mujeres con discapacidad y de edad avanzada*, C. Ferrandas Caramés (dir.). Tirant lo Blanch. Valencia, 285-317.

García-Blázquez Pérez, M. / García-Blázquez Pérez, C.M. (2011). *Nuevo Manual de Valoración y baremación del daño corporal.* Comares. Granada.

García Calvo, T./ Osuna, E.J. (2016). "Eficacia jurídica de la actuación de los profesionales sanitarios en la protección de la víctima de violencia de género". *Derecho y Salud*, (26, n.º extra), 221-228.

García-Chamón Cervera, E. (2020). *Guía práctica del baremo. Valoración del daño corporal.* Iuris Utilitas SC. A Coruña.

García Goyena, F./ Lacruz Berdejo, J.L. (1974). *Concordancias, Motivos y Comentarios del Código civil español.* Cometa. Zaragoza.

Gete-Alonso y Calera, M.C. (2006). "Status personal de violencia de género en la ley orgánica 1/2004 (una aproximación desde la perspectiva civil)". *Libro-Homenaje al Profesor Manuel Amorós Guardiola*, vol. I. Colegio de Registradores. Madrid, 1581-1604.

Gómez Pomar, F. (2000). "Daño moral", *InDret*, (1), 1-14.

Gracia Ibáñez, J. (2012). "La violencia de género contra las mujeres mayores. Un acercamiento socio-jurídico". *Revista Derechos y Libertades*, (27), 299-326. https://e-archivo.uc3m.es/bitstream/handle/10016/19588/DyL-2012-27gracia.pdf?sequence=1. Recuperado el 14 de noviembre de 2023.

- (2015). "Una mirada Interseccional sobre la Violencia de Género contra las Mujeres Mayores". *Oñati Socio-legal Series* [online], 5 (2), 547-569.

Guilarte Martín-Calero, C. (2022). "Las grandes líneas del nuevo sistema de apoyos regulado en el Código Civil español". *El nuevo sistema de apoyos a las personas con discapacidad y su incidencia en el ejercicio de su capacidad jurídica*, N. Álvarez Lata (coord.). Asociación de Profesores de Derecho Civil. Aranzadi. Navarra, 21-80.

Hernández Díaz-Ambrona, M.D. (2017). *Estudio crítico de la pensión compensatoria.* Reus. Madrid.

Hernando Gómez, M. / Laespada, T. (2021). "Víctimas de violencia de género mayores de sesenta y cinco años: análisis interseccional de vulnerabilidades y nuevas formas de maltrato", *Zerbitzuan* (*Revista de servicios sociales*), (75), 5-21.

Hortal Ibarra, J.C. (2014). "La naturaleza jurídica de la responsabilidad civil *ex delicto*: o cómo «resolver» la cuadratura del círculo", *Indret,* (4), 1-29.

Ibáñez Solaz, M. (2010). "La valoración de la responsabilidad civil en las víctimas de malos tratos". *Cuadernos Digitales de Formación,* vol. 53, CGPJ, Madrid.

Jiménez Muñoz, F.J. (2006). "La regulación española de la obligación legal de alimentos entre parientes". *Anuario de Derecho Civil,* (59), 743-792.

Larrauri, E. (2008). *Mujeres y sistema penal. Violencia doméstica.* Bdef, Montevideo-Buenos Aires.

Laurenzo Copello, P. (2005). "La violencia de género en la ley integral. Valoración político-criminal". *Revista Electrónica de Ciencia Penal y Criminología,* (07), 1-23.

Leciñena Ibarra, A. (2023). "Breve apunte sobre la implementación de estrategias contractuales como alternativa a la cobertura familiar de los cuidados", *Tribuna.*

Llamas Pombo, E. (2007). "Divorcio y responsabilidad civil". *Revista de Responsabilidad civil y seguros,* (49), 3-4.

- (2020). *Las formas de prevenir y reparar el daño.* Wolters Kluwer. Madrid.

Llorente Sánchez-Arjona, M. (2022). "Justicia restaurativa: el derecho a la reparación. Especial referencia a las víctimas de violencia de género", *La Ley* (6126).

Lorente Acota, M. / Lorente Acosta, J.A. / Martínez Vilda, E. / Villanueva Cañadas, E. (2000). "Síndrome de agresión a la mujer. Síndrome de maltrato a la mujer". *Revista Electrónica de Ciencia Penal y Criminología* 02-07. http://criminet.ugr.es/recpc/recpc_02-07.html. Recuperado el 14 de noviembre de 2023.

Macho Carro, A. (2022). "Violencia de género y derecho a la vivienda: análisis multinivel del caso español". *IgualdadEs,* (7), 511-540.

Magro Servet, V. (2004). "La violencia económica en la violencia doméstica y de género ¿hacia un baremo indemnizatorio para las víctimas?", *La Ley,* (D-210), 1974-1981.

- (2017). "El daño moral indemnizable en la violencia de género". *La Ley* (7718).

Maqueda Abreu, M.L. (2006). "La violencia de género: Entre el concepto jurídico y la realidad social". *Revista Electrónica de Ciencia Penal y Criminología,* (08), 1-13.

- (2007). "¿Es la estrategia penal una solución a la violencia contra las mujeres? Algunas respuestas desde un discurso feminista crítico", *InDret,* (4) 1-43.

Marín García de Leonardo, T. (2006). "Remedios indemnizatorios en el ámbito de las relaciones conyugales". *Daños en el Derecho de Familia,* Monografía Asociada a la *RdP,* (17). Elcano (Navarra), 147-177.

Martín Azcano, E.M. (2022). "Hipótesis de daño no patrimonial derivado de la lesión de un interés constitucionalmente relevante en la jurisprudencia de la Corte di Cassazione". *Actualidad Jurídica Iberoamericana,* (16), junio, 2420-2461.

Martín-Casals, M. / Solé Feliú, J. (2003). "El Daño moral". *Derecho Privado Europeo,* S. Cámara (coord.). Colex. Madrid, 857-882.

Martín María, B. (2007). "La identificación del daño en la violencia contra las mujeres. Criterios de reparación desde una perspectiva de género". *La valoración del daño en las víctimas de la violencia de género,* P. Marín López / M. Lorente Acosta (codirs.). Estudios de Derecho Judicial, (139), CGPJ, Madrid, 311-328.

Martínez García, E. (2011). "Los procesos por violencia de género: cinco cuestiones procesales y una reflexión". *Mujer y Derecho. Jornada de Igualdad de la Facultad de Derecho. Universitat de València,* G. Fabregat Monfort (coord.). Tirant lo Blanch. Valencia, 99-115.

Mateos Gil, A. / Pérez Castaño, C. / San Andrés Moreno, S. (2017). *Las mayores tienen voz. Claves para el acompañamiento a mujeres mayores en situación de violencia de género. Proyecto Hazte visible, hazme visible.* Fundación Edp, Ministerio de Sanidad. Servicios Sociales e Igualdad y

Fundación Luz Casanova. https://proyectosluzcasanova.org/wp-content/uploads/2020/07/Guia-Las-mayores-tienen-voz-violencia-de-genero.pdf. Recuperado el 14 de noviembre de 2023.

Medina Crespo, M. (2016). "Indemnización separada y compatible por daños morales corporales y por daños extracorpóreos. Comentario a la STS (Sala 1.ª) de 8 de abril de 2016". *Revista de la Asociación Española de Abogados Especializados en Responsabilidad civil y Seguro,* (58), 9-22.

Meneses Falcón, C. (coord.) / Charro Baena, B. / Rúa Vieites, A. / Uroz Olivares, J. (2018). *La violencia de género en la pareja o en la expareja de mujeres mayores de 60 años. Informe de resultados.* Madrid. Universidad Pontificia de Comillas. https://repositorio.comillas.edu/xmlui/handle/11531/34999. Recuperado el 14 de noviembre de 2023.

Ministerio de Sanidad, Servicios Sociales e Igualdad. (2012). *Protocolo común para la actuación sanitaria ante la Violencia de Género.* https://violenciagenero.igualdad.gob.es/profesionalesInvestigacion/sanitario/docs/PSanitarioVG2012.pdf. Recuperado el 14 de noviembre de 2023.

Montero de Espinosa Rodríguez, N. (2007). "Los instrumentos de valoración del daño en la violencia de género". *La valoración del daño en las víctimas de la violencia de género,* P. Marín López / M. Lorente Acosta (codirs.), Estudios de Derecho Judicial, (139), CGPJ, Madrid, 51-124.

Mora Sánchez, I. (2021). *Mujeres mayores: el impacto del machismo y el edadismo en su vida y sus derechos humanos.* Fundación HelpAge International España. https://www.helpage.es/wp-content/uploads/2022/01/HelpAge_Cuaderno-6_Mujeres-mayores.pdf. Recuperado el 14 de noviembre de 2023.

Muñoz Cuesta, J. (2021). "Maltrato a las personas mayores y víctimas vulnerables: delitos contra la integridad moral. Abandono". *Tratado de Derecho y Envejecimiento. La adaptación del Derecho a la nueva longevidad,* C.M. Romeo Casabona (coord.). Fundación Mutualidad Abogacía y Wolters Kluwer. Madrid, 755-783.

Múrtula Lafuente, V. (2000). "Comentario al artículo 110 del Código Penal". *Comentarios al Código Penal,* T. IV, M. Cobo del Rosal (dir.). EDERSA. Madrid, 225-243.

- (2012). "Resarcimiento y valoración del daño en los casos de violencia contra la mujer, con especial atención al *mobbing* conyugal". *La responsabilidad civil en las relaciones familiares,* J.A. Moreno Martínez (coord.). Dykinson, Madrid, 331-381.

Navarro-Michel, M. (2019). "El ingreso involuntario en residencia geriátrica y la autorización judicial". *Revista de Bioética y Derecho,* (45), 231-251.

Olmedo Cardenete, M. (2009). "Tratamiento de las agresiones leves ocasionales en el contexto de la violencia doméstica y de género". *La Ley Integral: Un estudio multidisciplinar,* M.J. Jiménez Díaz (coord.). Dykinson. Madrid, 343-374.

ONU Mujeres (2020). *Igualdad de género: A 25 años de Beijing, los derechos de las mujeres bajo lupa.* https://www.unwomen.org/es/digital-library/publications/2020/03/womens-rights-in-review. Recuperado el 14 de noviembre de 2023.

Organización Mundial de la Salud (2002). *Declaración de Toronto para la Prevención Global del Maltrato de las Personas Mayores* (17 de noviembre). http://www.inpea.net/images/TorontoDeclaracion_Espanol.pdf. Recuperado el 14 de noviembre de 2023.

- (2013). *Comprender y abordar la violencia contra las mujeres. Consecuencias para la salud,* Washington DC. https://iris.who.int/bitstream/handle/10665/98862/WHO_RHR_12.43_spa.pdf?sequence=1. Recuperado el 14 de noviembre de 2023.

- (2021). *Informe mundial sobre el edadismo.* https://iris.paho.org/handle/10665.2/55871. Recuperado el 14 de noviembre de 2023.

Ortiz Fernández, M. (2021). *El consentimiento informado en el ámbito sanitario. Responsabilidad civil y derechos constitucionales.* Dykinson. Madrid.

Pantaleón, F. (1990). "Causalidad e imputación objetiva: criterios de imputación". *Centenario del Código Civil (1889-1989),* t. II. CEURA. Madrid, 1561-1592.

Pereña Vicente, M. (2022). "La curatela: los nuevos estándares de intervención, nombramiento, remoción y actuación tras la Ley 8/2021". *El nuevo sistema de apoyos a las personas con discapacidad y su incidencia en el ejercicio de su capacidad jurídica,* N. Álvarez Lata (coord.). Asociación de Profesores de Derecho Civil. Aranzadi. Navarra, 125-159.

Pérez Mayor, A. (2004). "Crisis matrimoniales e indemnización por daño moral". *Revista Jurídica de Cataluña,* (1), 163-171.

Quintero Olivares, G. / Tamarit Sumallla, J.M.ª (1996). "De la responsabilidad civil derivada de los delitos y faltas. Comentario a los artículos 109 a 115 del CP". *Comentarios al nuevo Código Penal,* Valle Muñiz (coord.), Pamplona.

Ramos Toro, M. (cood.) / Quezada García, M.Y./ Díaz García, M.E./ Pallero Soto, M.P. (2020). *Diagnóstico de la violencia de género que sufren las mujeres mayores de 60 años en la ciudad de Madrid.* Dirección General de Prevención y Atención frente a la Violencia de Género. Área de Gobierno de Familias, Igualdad y Bienestar Social. Ayuntamiento de Madrid. https://www.madrid.es/UnidadesDescentralizadas/IgualdadDeOportunidades/Publicaciones/Publicaciones%202021/DiagnosticoVGMujeresMayores2021.pdf. Recuperado el 14 de noviembre de 2023.

Ramos Vázquez, J.A. (2010). "Los diferentes conceptos de violencia de género en la legislación estatal y autonómica". *La respuesta penal a la violencia de género. Lecciones de diez años de experiencia de una política criminal punitivista,* L.M. Puente Alba (dir.). Comares. Granada, 119-152.

Rebolledo Deschamps, M.L. (coord.) / Martínez Rebolledo, A. / Peña Anguita, B. (2021). *Guía orientativa para la atención y detección de la violencia de género en mujeres mayores.* Diputación de Jaén. https://www.dipujaen.es/export/files/dipujaen/igualdad-y-bienestar-social/Guia%20Violencia%20Mayores.pdf. Recuperado el 14 de noviembre de 2023.

Roca i Trías, E. (2000). "La responsabilidad civil en el Derecho de familia. Venturas y desventuras de cónyuges, padres e hijos en el mundo de la responsabilidad civil". *Perfiles de la Responsabilidad civil en el nuevo milenio,* J.A. Moreno Martínez (coord.). Dykinson. Madrid, 533-563.

Romero Coloma, A.M. (2003). *La conducta injuriosa o vejatoria como causa de separación matrimonial: análisis jurídico.* Civitas. Madrid.

Sancho Gargallo, I. (2022). "El juez en el nuevo sistema de apoyos". *El ejercicio de la capacidad jurídica por las personas con discapacidad tras la Ley 8/2021 de 2 de junio,* M. Pereña Vicente y M.M. Heras Hernández (dirs.). Tirant lo Blanch. Valencia, 61-82.

Sanciñena Asurmendi, C. / Fernández Chacón, I. (2021). "Familia y responsabilidad civil", *Anuario de Derecho Civil,* (III), 771-864.

Sanz Mulas, N. (2019). *Violencia de género y Pacto de Estado. La huida hacia delante de una norma agotada (LO 1/2004).* Tirant lo Blanch. Valencia.

Serrano Ruiz-Calderón, M. y De Borja Langelaan Osset, F. (2023). "La Convención de las Naciones Unidas sobre los derechos de las personas con discapacidad de 13 de diciembre de 2006. Una aproximación crítica a su adaptación al Derecho español y su reflejo en la jurisprudencia". *Cuadernos de Derecho Transnacional.* (15/2), 920-941.

Simón Gil, M. (2016). "Cómo valorar las secuelas y lesiones sociales a víctimas de violencia de género: dimensiones e indicadores". *Respuestas transdisciplinares en una sociedad global. Aportaciones desde el trabajo social.* Universidad de la Rioja. Logroño. https://publicaciones.unirioja.es/catalogo/online/CIFETS_2016/Monografia/pdf/TC309.pdf. Recuperado el 14 de noviembre de 2023.

- (2020). "El daño social: secuelas y lesiones sociales, la evaluación del trabajo social forense en víctimas de violencia de género". *Servicios Sociales y Política Social,* XXXVII (124), 11-27.

Solé Resina, J. (2006). "El papel del Derecho Civil en la lucha contra la violencia de género". *Libro-Homenaje al Profesor Manuel Amorós Guardiola.* I. Centro de Estudios. Madrid, 1797-1816.

- (2023). "Violencia económica contra la mujer. El impago de pensiones y la reparación integral del daño". *La Ley* (3448), pp. 1-14.

Sotomayor Alarcón, N. / Abascal Monedero, P.J. / Chicharro Rodríguez, P. / Nieto-Morales, C. (2023). *Medidas de apoyo a personas con discapacidad. Nueva regulación a la luz de la Ley 8/21, de 2 de junio, por la que se reforma la Legislación Civil y Procesal para el apoyo a las Personas con Discapacidad en el ejercicio de su Capacidad Jurídica,* 2.ª ed. Dykinson. Madrid.

Straka, S. M. / Montminy, l. (2006). "Responding to the Needs of Older Women Experiencing Domestic Violence". *Violence Against Women, 12*(3), 251–267. http://doi.org/10.1177/1077801206286221. Recuperado el 14 de noviembre de 2023.

Ureña Martínez, M. (2007). "Separación conyugal y malos tratos". *Aranzadi Civil,* (I), 1981-1998.

Vargas Aravena, D. (2009). *Daños civiles en el matrimonio.* La Ley. Madrid.

Vela Sánchez, A.J. (2011). "Violencia de género en el ámbito familiar y pensión compensatoria". *El levantamiento del velo: las mujeres en el Derecho privado,* M.P. García Rubio / M.R. Valpuesta Fernández (dirs.); L. López de la Cruz / M. Otero Crespo (coords.). Tirant lo Blanch. Valencia, 833-857.

- (2014). *Violencia de género en la pareja y daño moral. Estudio doctrinal y jurisprudencial.* Comares. Granada.

- (2022). *Las consecuencias civiles de la violencia de género. Estudio doctrinal y jurisprudencial.* Bosch. Barcelona.

- (2022). "Violencia de género y daño moral", *La Ley* (11093).

Walker, L. E. (1984). *The Battered Woman Syndrome.* Springer Publishing Company. New York.